Du même auteur

La France inégale
Hachette, 1976

Le Cœur du futur
Calmann-Lévy, 1985

LAURENT FABIUS

C'EST EN ALLANT VERS LA MER

ÉDITIONS DU SEUIL
27, rue Jacob, Paris VIe

ISBN 2-02-012809-8

Préface

En 1986-87, l'an 1 de la cohabitation, on ne donnait pas cher de François Mitterrand. Boutée hors de Matignon après cinq années qui avaient vu, disait-on, s'effondrer tous ses mythes – « ce qui était socialiste n'a pas marché, ce qui a marché n'était pas socialiste » –, la gauche, annonçait-on, s'apprêtait à perdre l'Élysée. Venu d'outre-Manche et d'outre-Atlantique, le vent du libéralisme soufflait en tempête. L'affaire était entendue. Le PS ne se maintenait au pouvoir que grâce aux institutions de la Ve République. Ce n'était qu'une « expérience ». Les élections allaient clore cette longue parenthèse.

La réalité fut légèrement différente. En mai 1988, François Mitterrand est réélu président de la République avec 54 % des voix. En juin, le PS emporte une majorité relative à l'Assemblée nationale. La droite implose en trois tronçons et connaît une des plus graves crises d'identité de son histoire. Pour la première fois, la gauche en France bénéficie de la durée.

C'est alors qu'ont commencé de fleurir des pamphlets. En bouquets, en gerbes et en massifs. Avec plus ou moins de bonheur, ils entonnent la même rengaine : si la gauche n'a pas péri, c'est donc qu'elle a trahi. Les socialistes sont revenus aux responsabilités, mais parce qu'ils ont cessé d'être socialistes. La gauche a jeté par-dessus bord ses valeurs, ses croyances, son programme. Libéraux avancés et socialistes, même combat. Ou même refus du combat.

Si ce discours n'avait d'audience qu'auprès des éternels insatisfaits ou de cette partie de l'opinion qui la semaine prodigue ses conseils à la gauche et le dimanche vote contre elle, cela aurait peu d'importance. Mais il rencontre un écho plus large. Beaucoup éprouvent des états d'âme. Beaucoup se posent des questions. « Qu'est-ce que la gauche ? A quoi sert-elle ? Existe-t-elle encore ? » : ces interrogations ne sont pas inventées pour les besoins d'une polémique. On les entend. On les entend même souvent. La gauche a le mal de mer.

Mal de mer d'abord devant la réalité. L'économie française a progressé, bravo ! Les comptes des entreprises se sont redressés, tant mieux ! L'inflation est réduite, excellent ! Mais combien d'injustices encore ! Combien de logements insuffisants, d'écoles manquant de places, de salaires ou de retraites qui permettent à peine de vivre ! Combien de situations qui choquent et qui déchirent ! Quand l'économie va mieux, on demande l'équité dans le partage. Quand la crise sévit, on veut l'équité dans l'effort. Est-elle vraiment au rendez-vous ? A-t-on vraiment changé « la vie » ? Non seulement pour les petits et moyens salariés, et pour les cadres, mais pour beaucoup d'autres, individus, régions, pays, distancés dans cette course à « l'argent fou », ou tout simplement exclus ?

A partir de là, certains dressent des réquisitoires contre le gouvernement, relayés avec un punch particulier lorsqu'ils viennent de la gauche elle-même. Je risque de décevoir : je ne me livrerai pas à cet exercice. D'abord parce que je n'ai pas un goût particulier pour le rôle du Savonarole tardif, torpillant méticuleusement les siens. Surtout, mon objectif n'est pas de juger tel ou tel gouvernement, de déterminer son degré de fidélité à certaines idées. Non, je veux examiner ici ce que sont, aujourd'hui, les idées de la gauche, de quelle façon elles ont évolué, comment elles peuvent à la fois orienter notre avenir et être façonnées par lui.

Désolé donc : les spécialistes en petites phrases et grandes démolitions resteront sur leur faim. C'est aux idées que je veux réfléchir, ce sont elles avant tout qui sont en crise et qu'il faut approfondir.

Oui, le mal de mer touche les idées. Pour les communistes, c'est évident. Mais pas seulement pour eux. Aux alentours de 1983, le Parti socialiste a connu une sorte de Bad Godesberg[1] silencieux. Il a abandonné sa culture d'opposition, contractée au long de décennies de traversée du désert. Il a accédé à une culture de gouvernement. Cette évolution s'est effectuée par glissements successifs, souvent même en la niant : on parlait de « parenthèse de la rigueur », on assurait que c'était surtout le monde qui avait changé, on ne précisait pas ce qui dans l'ancien discours, l'ancien programme, demeurait valide et ce qui se trouvait dépassé. Un pan idéologique s'est donc effacé, il n'a pas été remplacé. L'idéologie ayant horreur du vide, le soupçon s'est fait jour que celle du PS des années 70 avait été supplantée par une variante généreuse de l'idéologie libérale. De là sans doute le désarroi de bien des militants et, plus largement, du « peuple de gauche ». Si chacun admet qu'il ne faut pas jeter le bébé avec l'eau du bain, on ne distingue plus toujours nettement les contours de la baignoire. D'où l'indignation des uns, qui soupçonnent telle ou telle aile du Parti socialiste de vouloir tout vidanger, et l'agacement des autres, qui déplorent qu'au

1. A son congrès de Bad Godesberg, en 1959, la social-démocratie allemande a rompu avec le marxisme et s'est ralliée à l'économie sociale de marché. Pour le PS français, l'abandon de la vulgate marxiste ne signifie pas qu'il n'y ait pas chez Marx des analyses ou des concepts pertinents.

terme de neuf ans d'expérience on n'ait rien appris ni rien oublié.

Je ne m'abstrais pas du lot. Comme beaucoup d'hommes de gauche de ma génération, j'ai rejoint un socialisme de « rupture avec le capitalisme ». De tout temps j'avais été sensible à l'injustice. J'étais révolté par les atteintes aux droits de l'homme. Mais je n'étais pas convaincu que la politique pût apporter les remèdes et que je dusse m'y engager. Quand je vois aujourd'hui les gens, les jeunes notamment, qui sont désabusés, qui ne se déplacent pas pour voter, ni d'ailleurs pour manifester, j'en suis triste, irrité parfois, mais je comprends. A vingt ans peut exister un désir de se replier devant l'absurdité, l'iniquité des choses, l'envie de fuir un monde mal bâti, de chercher dans l'action professionnelle ou dans l'accomplissement familial, dans le repli sur soi ou au contraire la générosité ponctuelle, une solution singulière à des souffrances collectives. Et puis on mûrit. On mesure mieux tous les combats à mener pour la justice et la liberté. On se rend compte qu'aucun ne peut être gagné seul. On rencontre des êtres de conviction forte qui vous font partager leur foi. Alors, avec enthousiasme on s'engage, on y donne ses journées, sa flamme, on renverserait les montagnes. C'est le chemin qui fut le mien. D'une certaine manière, c'est cela qui nous est arrivé collectivement, à nous responsables, militants et sympathisants socialistes, entre 1971 et 1981. Ensuite, parvenus au gouvernement, avons-nous au début mal apprécié la situation ? Sans doute pour partie, du point de vue économique. Mais le diagnostic est plus complexe, j'y reviendrai. Des années de surdité du pouvoir aux demandes sociales, des années de conservatisme moral, tout cela se cristallisait dans une énergie de changement : le PS en fut le vecteur, et nos premières années de gouvernement la traduction nécessaire. A ceux qui, dans nos rangs eux-mêmes, prétendent qu'il aurait fallu, après plus de vingt ans de pouvoir conservateur, faire autrement, je dis que la gauche n'est pas seulement générosité, mais qu'elle est aussi générosité, qu'une nation n'est pas une machine, qu'elle exprime des désirs, des souffrances, à quoi on ne peut pas, on ne doit pas être aveugle.

Ma conviction en tout cas est que le « Bad Godesberg » du socialisme français peut être une excellente chose. A condition de n'être pas tenu sous silence, comme si on en avait honte, mais au contraire d'être pleinement assumé, explicité, argumenté. A condition surtout de savoir garder fidélité aux valeurs fondatrices du socialisme lui-même. Non, il n'est pas vrai que toute adaptation constitue une capitulation devant le libéralisme avancé. Non, la gauche, ce n'est pas une droite qui n'oserait pas dire son nom. J'essaierai de le montrer.

Je ne prétends pas qu'une telle évolution – une telle dégénérescence – soit inconcevable, ni qu'elle ne risque pas de se produire. Je dis simplement que ceux qui affirment qu'elle s'est déjà produite vont trop vite en besogne. Pas plus que ses désirs, il ne faut prendre ses phobies pour la réalité. Celle-ci est, pour l'heure, plus prosaïque : au milieu des années 80, le PS français s'est tout simplement rapproché – idéologiquement – des grandes social-démocraties d'Europe du Nord. Ce rapprochement intervient au moment précis où le modèle social-démocrate de régulation est entré en crise, sous l'impact de la troisième révolution industrielle, de la nouvelle donne économique, de la faiblesse croissante des États-nations. C'est dire que la gauche ne saurait se borner à une simple reprise du projet social-démocrate des années d'après guerre. Face à la grande dépression et à la montée des totalitarismes, la génération des années 30 avait su inventer un modèle social-démocrate sur lequel l'Europe et le monde occidental ont vécu pendant un demi-siècle. Confrontée à une mutation technologique, économique, sociale, culturelle, internationale sans précédent, notre génération doit, elle aussi, élaborer un nouveau modèle de régulation, formuler un nouveau projet.

Un « grand dessein » ? Lorsqu'en 1988 j'ai employé ces mots, nombre de commentateurs ordinairement mieux inspirés y ont vu une petite manœuvre : impatient de courir la présidentielle – quatre mois seulement après la réélection de François Mitterrand ! –, je taillais des croupières à Michel Rocard, puisqu'il est bien connu que depuis nos berceaux respectifs nous sommes de sempiternels compétiteurs. D'autres y ont perçu une manifestation caractérisée d'archaïsme : je n'aurais pas compris que les grands desseins mènent nécessairement au goulag et que la sagesse commande de n'en point avoir. Rares furent ceux qui reçurent cette observation pour ce qu'elle est, une modeste vérité d'évidence, presque une trivialité, tout simplement le besoin de la perspective et du sens. On ne progresse pas sans repères. On ne se mobilise pas sans projet. Il peut, il doit exister pour notre peuple une ambition collective, aussi loin de l'illusion des charlatans que de la résignation des bras ballants.

Car en ces années du bicentenaire de la grande Révolution, de l'agonie du communisme, de la fin du condominium nucléaire russo-américain sur le monde et de la renaissance possible de l'Europe, en ces jours où une partie du monde hésite entre guerre et paix, la France se trouve de nouveau à la croisée des chemins. Une décennie avant l'échéance, nous basculons dans le XXIe siècle. Empêtrés dans nos souvenirs, nos vanités, nos querelles de clochers et de bornages, nous ne nous rendons pas toujours compte qu'au cours des dix années à venir nous jouons notre destin. Nous avons besoin d'une vision collective, d'une boussole pour avancer.

CHAPITRE I

Naissance du XXIe siècle

Cinq mutations majeures modifient le paysage de notre avenir : la nouvelle révolution industrielle, la prise de conscience écologique, la montée de l'individualisme moderne, l'effondrement du communisme, l'exacerbation des contradictions Nord-Sud. Chacune d'elles bouscule la gauche, leur addition fait basculer le siècle.

La nouvelle révolution industrielle

J'ai été pendant deux ans ministre de l'Industrie et de la Recherche, avant d'être appelé à Matignon. J'ai aimé cette période où la gauche et l'entreprise se sont enfin rencontrées et comprises. Délai évidemment trop court pour mettre en œuvre tout ce qui me tenait à cœur, mais suffisant pour prendre la mesure de la grande mutation du siècle.

L'ordinateur, macro, mini, micro, envahit les bureaux, les usines, les foyers, les écoles. Une « cinquième génération », obéissant à la voix, pointe déjà, qui en facilitera l'usage. La révolution de l'intelligence artificielle et des systèmes experts débouche sur des machines automatiques capables non plus seulement d'exécuter des ordres mais de produire des raisonnements.

Ces progrès révolutionnent la robotique. Robots pour

peindre de l'industrie automobile, robots pour charger et décharger, robots programmables par apprentissage, robots mobiles autonomes multiservices capables de saisir des informations sur leur environnement et d'y réagir. Bientôt des robots fabriqueront robotiquement d'autres robots. J'ai visité de telles usines du futur au Japon. On en imagine l'impact sur l'évolution du travail humain.

Révolution télématique, aussi. Connexion de l'ordinateur, du téléphone et de la télévision, ce pouvoir quatrième – ou premier – qui informe, façonne, rayonne, outil splendide de liberté ou redoutable manipulateur. La puissance de transmission de l'information est multipliée par l'utilisation des câbles à fibre optique et des satellites : chaque individu sera relié – comme récepteur et comme émetteur – à un fantastique flux d'informations.

La microélectronique se prolonge dans la bioélectronique. Grâce à la biologie moléculaire et génétique, on sélectionne ou on crée des espèces végétales et animales plus résistantes, plus performantes. On isole des gènes responsables des maladies héréditaires. On utilise des bactéries pour le traitement des déchets ou la dégradation des polluants, la fabrication de produits de chimie fine, pharmaceutiques, agro-alimentaires. Pour les composants électroniques, on va remplacer le silicium ou le gallium par des molécules biochimiques, renforçant ainsi la capacité de stockage et de traitement de l'information. La révolution biotechnologique se combine à celle de l'information.

Il y avait eu la première révolution industrielle, celle de la machine à vapeur, du chemin de fer et du travail en usine. Puis la deuxième : électricité, moteur à explosion, fordisme. Voici venue la troisième, distincte des précédentes en ce qu'elle est formidablement économe en travail humain. On a calculé que si une industrie de la deuxième révolution comme l'aéronautique avait fait des progrès comparables à l'industrie des ordinateurs aujourd'hui, le Boeing 747 coûterait 500 dollars, il accomplirait le tour du monde en vingt secondes avec vingt litres de carburant et tiendrait dans un dé à coudre ! Les révolutions technologiques se suivent, elles ne se ressemblent pas.

La différence essentielle, c'est qu'autrefois la matière était transformée grâce à de l'énergie mise en œuvre directement par l'homme, alors que cette révolution-ci permet la transformation de la matière sans intervention humaine directe, au moyen de programmes introduits dans les machines à calcul numérique, dans les robots, les usines informatisées ou automatisées. Le travail humain est refoulé désormais de plus en plus en amont et en aval de la production matérielle, vers les activités de conception, de surveillance, de maintenance, de commercialisation. Les progrès de l'automatisation et de l'informatisation ont pour conséquence une énorme économie de temps, de travail, une création de temps libre. Au travailleur manuel d'autrefois se substitue le travailleur informationnel.

La nouvelle révolution technologique bouleverse les processus de production, l'organisation et les relations du travail, les moyens de communication, les modes de consommation, la nature des groupes sociaux. La vie quotidienne, l'emploi, les loisirs, la culture, la convivialité en sont déjà, en seront encore plus transformés. Ce n'est pas dans cet environnement économique, technologique et social qu'est née la gauche, qu'elle a grandi et formulé ses analyses et ses propositions : il lui faut évidemment s'adapter.

D'autant plus que la révolution technologique s'accompagne d'une concentration des entreprises et d'une *mondialisation de l'économie* également inédites. OPA amicales ou hostiles, prises de participation, fusions : le mouvement de concentration des grands groupes industriels et financiers donne naissance à des firmes géantes qui ont la planète pour marché. La mondialisation des capitaux, lancée dans les années 70 par l'explosion des eurodollars, est accélérée par la prolifération des instruments financiers et des supports électroniques. Les marchés financiers sont interconnectés en temps réel, rendant extrêmement précaires les politiques monétaires nationales autonomes. Le Japon, là aussi, est jusqu'ici de tous les pays celui qui a le mieux compris, anticipé et maîtrisé ces changements.

Les multinationales d'origine française, notamment publiques, ne sont pas en reste. Thomson rachète RCA, l'électronique grand public de General Electric. La CGE absorbe l'informatique de ITT-Télécom et devient avec sa filiale Alcatel NV le numéro 2 mondial des télécommunications. Bull acquiert Honeywell et s'associe à Nippon Electric Company. Rhône-Poulenc s'adjuge l'agro-chimie d'Union Carbide, Carnaud s'offre Metall Box, et il devient numéro 1 international de l'emballage. Louis Vuitton et Moët-Hennessy fusionnent, engendrant LVMH, première entreprise mondiale de luxe. Michelin s'offre Uniroyal Goodrich et se hisse au tout premier rang du pneumatique dans le monde. Accor fait de même avec Motel 6 et devient un géant mondial de l'hôtellerie.

L'Hexagone ? Un tiers des salariés français travaillent désormais pour l'exportation. La croissance du commerce international dépasse chaque année celle de la production mondiale. Les rapports de forces entre États et grandes entreprises évoluent en faveur des secondes. Face à l'internationalisation de l'économie, les États-nations de la vieille

Europe et leurs organisations qui n'ont pas encore changé d'échelle s'avèrent de plus en plus ligotés. De nouveaux compétiteurs surgissent, bénéficiant d'une main-d'œuvre docile et bon marché : les quatre dragons d'Asie – Hong Kong, Singapour, Taiwan, Corée du Sud qui à leur tour délocalisent maintenant les entreprises de main-d'œuvre chez les « nouveaux dragons », Malaisie, Thaïlande... – mais aussi l'Inde, le Brésil, le Mexique, lesquels se taillaient 10 % des marchés de produits manufacturés en 1970, 15 % en 1980, 20 % aujourd'hui. La gauche française, le syndicalisme ont jusqu'ici en général joué hexagonal. Désormais, l'économie est mondiale.

Cette mondialisation n'est qu'une dimension d'un phénomène plus vaste : l'interdépendance croissante entre les nations, de nature à la fois économique, financière, écologique et culturelle. Ce monde de plus en plus interdépendant est aussi de moins en moins bipolaire ; l'URSS demeure une grande puissance militaire, mais le camp « socialiste » n'existe plus ; des impérialismes régionaux tentent de se substituer aux impérialismes mondiaux ; de nouveaux acteurs apparaissent, qui jouent leur propre partition sur la scène internationale.

Il résulte de tout cela un monde plus ouvert, plus complexe, soumis à des chances et à des risques sans précédents. Risques de guerre, localisés, mais réels, et de prolifération nucléaire ; risques de cataclysme économique, de catastrophes écologiques, de manipulations génétiques irréversibles ; risques de régression intégriste, entraînés notamment par la clochardisation des peuples du tiers-monde ; risques de déculturation liés à l'hégémonie américano-japonaise sur les industries de communication ; risques d'aggravation et d'extension des ravages de la drogue, avec son cortège de violences, de corruption et de malheur. Et en même temps se profilent, multipliées par les progrès de la science, des chances de mieux coopérer sur le plan international, de mieux nourrir, de mieux élever, de mieux soigner les peuples qui souffrent, des chances nouvelles de culture et de liberté. La gauche du XXe siècle a beaucoup vécu sur les analyses du XIXe. Place au XXIe siècle !

La prise de conscience écologique

En 1900, la Terre comptait 1 milliard 650 millions d'hommes et 5 ou 6 pays industrialisés. Nous serons 6 milliards en l'an 2000, 10 milliards trente ans après. Tant que les hommes étaient relativement peu nombreux, tant que leurs capacités de production – et de destruction – étaient limitées, que les pays industrialisés se comptaient par poignées, l'activité économique, si polluante fût-elle, ne mettait pas en péril la nature et l'écosystème. Il en va différemment aujourd'hui avec la démographie galopante, la puissance des nouvelles technologies, la généralisation de l'industrie. Pollution des eaux, du sol, de l'air, raréfaction de l'ozone, agonie des forêts, prolifération des algues, accumulation des déchets nucléaires, industriels, ménagers... J'ai encore dans les yeux cette image terrifiante diffusée par toutes les télévisions du monde : des bateaux de pêche échoués sur le sable en plein désert, parce que la pollution a fini par tuer ce qu'on appelait il y a peu la mer d'Aral.

Le risque d'un holocauste thermonucléaire s'éloigne, celui d'une destruction lente de notre planète Terre se rapproche. Au moment où le capitalisme croit l'avoir définitivement emporté sur son vieil ennemi, le communisme, mettant ainsi un terme à un bras de fer de près de cent cinquante ans, il se trouve contesté à nouveau en raison même de ses succès.

Mais certaines questions fondamentales ont changé. Ce ne sont plus : qui, du capitalisme organisé ou du collectivisme, est le plus efficace économiquement, qui est le mieux à même d'assurer la croissance ? Mais : notre société industrielle et marchande, qui réserve aujourd'hui ses bienfaits à 700 millions d'Occidentaux, peut-elle être généralisée à 10 milliards de personnes sans que l'écosystème fasse naufrage ?

Pour le dire plus brutalement : la généralisation de notre façon occidentale de produire et de consommer est-elle compatible avec la survie de l'humanité ? Sinon, quel autre mode de développement lui opposer ? Telle est la question de l'écologie, et en cela elle s'inscrit dans la recherche d'un au-delà du capitalisme qui était à la source du socialisme démocratique... lequel a eu tendance à l'oublier.

La combinaison de la nouvelle révolution industrielle et de la prise de conscience écologique pose en effet le problème des finalités de la production et celui de la place de l'économie dans notre société. Tant que la pénurie et la précarité prévalaient, l'antique malédiction – « tu gagneras ta vie à la sueur de ton front » – semblait aussi inévitable que cette autre imprécation biblique – « tu accoucheras dans la douleur » –, avant l'invention de la péridurale ! Consacrer sa vie à arracher à la nature de quoi satisfaire les besoins humains fondamentaux était le lot de l'immense majorité. La question de la finalité du travail ne se posait pas. Pour nourrir, vêtir, loger, instruire, éduquer, soigner tous les Français, il fallait que la plupart d'entre eux consacrent l'essentiel de leur énergie et de leur temps au labeur.

L'explosion actuelle des forces de production pose au contraire nettement la question du sens de l'aventure industrielle. La production et la consommation de masse ont engendré chez nous une société d'abondance. La plupart des foyers français sont équipés en biens de consommation durables (automobile, télévision, réfrigérateur, téléphone, chaîne hi-fi, etc.), au point qu'un des facteurs des crises récentes est précisément la saturation de cette demande. La productivité du travail s'accroît de 4 à 6 % par an depuis près d'un demi-siècle mais notre société a bien du mal à organiser le passage au-dessous des quarante heures de travail hebdomadaires conquises en 1936. Jusqu'à quand, dans ces conditions, faudra-t-il considérer que le travail économique, le labeur d'exécution, souvent routinier et répétitif, constitue la valeur suprême de la société et l'activité à laquelle l'immense majorité des citoyens doit vouer sa vie ? N'est-il pas temps de préparer une société où le temps consacré aux « activités autonomes » – activités qui ont leur richesse en elles-mêmes – égalera ou même excédera le temps consacré au travail économique ? Ne faut-il pas rappeler que c'est l'économie, la production qui sont au service de la société, et non l'inverse ?

Longtemps théorique, éthique ou élitiste, ce débat est devenu éminemment pratique. Car l'idéal productiviste de la croissance pour la croissance se heurte désormais à ses effets pervers. Pollution de l'atmosphère et des cours d'eau, pluies acides, altération de la couche d'ozone, effet de serre, déforestation massive, rupture des équilibres écologiques, transformation des climats : la production sans limites et sans contrôle débouche sur le saccage de l'environnement et sur la détérioration de l'écosystème. Elle conduit aussi à la désagrégation du lien social. L'énorme économie de travail engendrée par la révolution microélectronique débouche spontanément, non pas sur une réduction progressive de la durée du travail pour chacun, mais sur l'expulsion, hors de la production, de millions de travailleurs et sur la scission du salariat en au moins trois groupes différents par leur statut : les travailleurs permanents des grandes entreprises, des administrations et des

PME performantes, qualifiés, protégés par des statuts ou conventions collectives et plus ou moins convenablement rémunérés ; les salariés précaires des entreprises de sous-traitance et de services, peu qualifiés, mal payés, soumis au pouvoir discrétionnaire de leurs employeurs et aux fluctuations du marché ; les travailleurs marginaux enfin, chômeurs et semi-chômeurs, voués à l'alternance de l'ANPE et des « petits boulots ». Selon certaines études, la troisième catégorie pourrait représenter à elle seule, dans dix ans, la moitié des effectifs salariés. Ainsi prend corps une société à plusieurs vitesses avec ses laissés-pour-compte, ses parias, ses exclus, mais aussi ses hyperactifs et ses stressés, ainsi que ses planqués et ses nantis. Cocktail social explosif et question majeure posée à la gauche. Qui peut admettre cette injustice fondamentale ? Comment la combattre ? Qui croira qu'en démocratie des millions de citoyens marginaux ou précaires se résigneront durablement à leur état ?

La montée de l'individualisme moderne

Depuis au moins cinq siècles, le monde occidental – c'est même sa spécificité – est travaillé par un lent processus d'individualisation. Ce mouvement est en train de s'accélérer, obligeant la gauche, là aussi, à penser son action en termes relativement nouveaux.

Dans la France médiévale, la tradition s'imposait à l'individu par la prescription religieuse. La liberté de choix, le degré d'autonomie des individus étaient réduits. La diversité des croyances, des mœurs, des comportements était considérée comme impie, source de discorde et de désordre, elle entraînait la dissolution du lien social. L'unanimité était perçue comme le fondement nécessaire de toute forme de gouvernement. La religion des sujets suivait la religion du Prince. Avec la Réforme et l'émergence du capitalisme au XVIe siècle, l'individualisme prend son envol. Il s'affirme dans l'ordre religieux (exigence de la liberté de conscience), dans l'ordre économique (revendication de la liberté d'entreprendre), dans l'ordre politique (lutte pour un État de droit). Au XIXe siècle et dans la première moitié du XXe siècle, il triomphe à travers la généralisation de l'économie de marché et s'impose dans la sphère politique avec l'essor de la démocratie libérale. Mais quand il s'agit de la culture, des mœurs, de l'éthique, règne encore la tradition. Seule une petite minorité – la bohème des lettres et des arts – affiche un individualisme intégral, étend à la vie quotidienne et à la création culturelle les principes individualistes qui régissent la vie économique et politique.

Au cours des années 1950 et 1960 se développe en France la société de production, de consommation et de communication de masse. Le mouvement d'individualisation connaît alors un nouveau bond en avant. La vieille idéologie puritaine, ascétique, fondée sur la valorisation exclusive du travail, de l'épargne, de la frugalité, vole en éclats. Confronté au double problème des débouchés de la production et des oppositions sociales, le capitalisme les résout simultanément : il stimule l'émergence d'un individu hédoniste, consommateur de biens et de services individuels, rapidement renouvelables. Et il submerge cet individu par une pléthore d'offre marchande qui incite de fait à la passivité, l'indifférence, la démobilisation du citoyen. L'analyse du sociologue Daniel Bell n'a rien perdu de sa pertinence. L'individualisme s'étend alors aux mœurs, à l'esthétique. Un nouveau type de contrôle social se met en place, fondé non plus sur la coercition ou la manipulation, mais sur la séduction – au sens publicitaire du terme. C'est une « révolution individualiste ». Nous y sommes.

Parallèlement, la vision traditionnelle des classes sociales se modifie. La présentation de notre société comme bipolaire avec d'un côté le prolétariat, de l'autre côté la bourgeoisie, celle-ci exerçant sa domination jusqu'à la fameuse rupture révolutionnaire, cette présentation n'est plus défendable. La classe ouvrière évolue sous l'impact de la révolution industrielle, elle se fragmente, elle perd de son poids. L'importance des classes moyennes s'accroît. Une nouvelle classe possédante – possédant l'information – apparaît. Les comportements et les objectifs des divers groupes sociaux se définissent selon des clivages nouveaux, entrecroisés, moins dépendants du travail. Ces évolutions entraînent des conséquences politiques majeures. La gauche, le socialisme, ne peuvent plus prétendre reposer sur la seule classe ouvrière, mais sur des bases sociales plus larges et plus diversifiées, sur des mouvements sociaux aussi, des groupes (écologistes, féministes, jeunes, etc.) qui ne se définissent pas uniquement par rapport à la pratique du travail, mais en fonction d'un enjeu, d'un conflit, d'une situation, d'un besoin précis qu'il faut à la fois prendre en charge et dépasser par un projet d'ensemble.

Ainsi avons-nous quitté la période des sociétés simples, organisées en classes sociales manifestement antagonistes, pour entrer dans celle des sociétés complexes et atomisées. Le socialisme, né pour lutter contre les inégalités de la première, ne s'est pas encore adapté aux défis de la seconde.

Car cette société des individus peut engendrer le pire alors qu'on attendait le meilleur. La poursuite sans entrave du bonheur privé ou de l'intérêt particulier accentue les inégalités, érode les solidarités, génère l'exclusion, engendre la crainte du déclassement et la peur de l'autre. L'idéal de justice ne se développe pas à la même vitesse que l'idéal de liberté. On croyait que l'histoire avançait par la dialectique des classes sociales ennemies. Elle avance aussi par la dialectique du particulier et de l'universel. Tout au collectif, rien à l'individu : c'est le totalitarisme, générateur de barbarie. Tout à l'individu, rien au collectif : c'est l'ultralibéralisme, générateur d'inégalités et d'exclusions. Il faut donner à cette société des individus la charpente à partir de laquelle elle peut se déployer sans se défaire elle-même : c'est une nouvelle tâche pour la gauche.

Chaque jour, nous déchiffrons des énigmes scientifiques nouvelles, nous défrichons des terres du savoir inconnues : ces découvertes sont aussi des défis éthiques, nous devons écrire les modes d'emploi. Chaque jour, nous produisons plus et mieux, nous affinons les techniques, nous travaillons à l'abondance : ces avancées industrielles, ces progrès de la consommation sont aussi des risques écologiques, nous devons formuler les réglementations protectrices. Chaque jour, nous cherchons à approfondir la liberté des entreprises, l'autorégulation de la société civile, la décentralisation des décisions dans la vie publique et privée : ces victoires de la liberté sont aussi des périls pour l'égalité, nous devons affiner la manière dont nous assurons la redistribution des chances, des savoirs, du travail, de l'argent. Si paradoxal que cela puisse sembler, plus il y a de liberté et d'accomplissement individuels, plus il faut de règles et de solidarités collectives.

Mais, et c'est le fait nouveau que nous devons prendre en compte, ces formes variées de régulation doivent être elles-mêmes respectueuses des différences. La gauche a su, à force de combat syndical et politique, construire de grands systèmes de régulation impersonnels et globaux : un grand service public de l'Éducation nationale, un grand système de protection sociale, une puissance publique capable de peser sur la stratégie économique de la Nation. Elle doit savoir les défendre et les adapter à la situation nouvelle. Les décentraliser, les assouplir, les déléguer aux citoyens eux-mêmes. La gauche avait l'ambition de mettre le travail, le savoir, la santé à la portée de tous. Elle doit les mettre à la portée de chacun. Cela suppose une double métamorphose : la prise de conscience, par la société française, de ce que le civisme et la solidarité, loin d'être incompatibles avec l'épanouissement de l'individu, en sont les conditions ; la prise de conscience, par un socialisme trop longtemps identifié au collectivisme, que la liberté de l'individu ne doit jamais être sacrifiée et qu'elle est en réalité la fin qu'il poursuit.

L'effondrement du communisme

Il y a seulement dix ans, on pensait en général que les principales modifications sur la scène internationale proviendraient de l'évolution technologique des armements et de leur prolifération : miniaturisation de l'arme atomique, élargissement du club nucléaire, banalisation des missiles, développement d'armes nouvelles. Certes, les évolutions militaires ont joué leur rôle : j'y reviendrai à propos du conflit ouvert par l'Irak. Mais le fait majeur, immense, est la réconciliation soviéto-américaine due à une donnée proprement politique, origine principale de la modification des relations internationales : Glasnost et Perestroïka.

Au cours de cette décennie, les dirigeants communistes les plus lucides ont pris la mesure de la faillite de leur système. Soixante-dix ans après la révolution d'Octobre, en dépit de souffrances et de sacrifices inouïs, l'URSS reste une société de pénurie, de sous-productivité, d'inefficience. Si la Chine, après avoir commencé à s'ouvrir, s'est refermée sur sa gérontocratie glacée, elle évoluera à nouveau quand ses maîtres actuels auront disparu. Longtemps on a cru, à gauche – et notamment à la SFIO – que le communisme, quoique dictatorial, constituait une autre voie vers l'industrialisation et le développement. Nous savons aujourd'hui, de l'aveu même des communistes, que cette voie est non seulement inhumaine, mais qu'elle est aussi tragiquement inefficace. Le collectivisme bureaucratique est incapable d'assurer l'essor d'une société industrielle.

On pourrait dire que s'applique aux sociétés de l'Est le diagnostic de Marx formulé il y a plus d'un siècle au chevet du capitalisme naissant : « A un certain stade de développement de la société, la nature des rapports de production entre en contradiction avec le développement des forces productives. Dès lors, s'ouvre une ère de révolution sociale. » Ce qu'a pressenti Gorbatchev en URSS, vingt ans après Dubcek en Tchécoslovaquie, c'est que les rapports de production propres au collectivisme sont entrés en contradiction avec les nouvelles forces productives, celles que développe la troisième révolution industrielle, condamnant les pays de l'Est à une vraie révolution sociale, sinon au déclin. Prenons l'exemple de l'utilisation généralisée des ordinateurs. Elle implique la fiabilité des informations. Or au sein de l'économie soviétique, les directeurs d'entreprise jusqu'ici soumis à l'autorité du Gosplan avaient intérêt à obtenir le maximum de ressources pour des objectifs de production aussi réduits que possible. Ils communiquaient donc au centre de fausses informations, surestimaient leurs besoins, sous-évaluaient leurs possibilités. La gestion administrative de l'économie fonctionnait sur la base de ces faux renseignements. Le traitement par ordinateur de ces informations inexactes accroissait l'irrationalité de l'ensemble. C'est une des raisons qui expliquent le sous-équipement des entreprises soviétiques en matériel informatique. Personnellement, j'irais même plus loin dans la critique du mécanisme communiste : ce n'est pas le développement du système qui conduit à l'échec, c'est le système lui-même, inhumain dès l'origine, mais aussi inefficace.

Depuis longtemps des voix s'étaient élevées contre cette perversion bureaucratique, même en URSS. Les théoriciens de l'Internationale socialiste le proclamaient dès les années 30 : le collectivisme bureaucratique est un régime adéquat aux sociétés stagnantes, à reproduction simple, non à une société en croissance, mue par le souci du progrès. Il y a contradiction entre la finalité proclamée par la société soviétique – le développement accéléré des moyens de production en vue de créer l'abondance – et le caractère despotique du stalinisme, générateur de gaspillage, de démotivation, de pénurie. Cette contradiction est désormais profondément ressentie par les dirigeants du pouvoir et de l'opposition dans tous les pays de l'Est. Les conséquences qu'ils en tirent sont différentes mais le diagnostic est convergent. Comment ne pas être frappé par la conscience aiguë qu'ils en éprouvent, par leur volonté de l'infléchir en y insufflant des doses massives d'économie de marché ? La conversion récente d'une partie de la Nomenklatura communiste au pluralisme politique, à la démocratie représentative, voire à l'État de droit, ne s'explique pas autrement : elle sait désormais que c'est le prix à payer pour le succès des réformes économiques ; qu'un secteur privé entreprenant et dynamique ne se développera pas sans de solides garanties politiques ; qu'on ne peut emprunter à l'Occident ses technologies et refuser ses libertés. Nos anciens avaient réfléchi pendant des décennies aux moyens de sortir du capitalisme, notre génération doit trancher à chaud une tout autre question : comment sortir du communisme ?

La révolution démocratique aura non seulement des conséquences internes sur les pays anciennement communistes, mais aussi des implications stratégiques primordiales. Loin d'être un simple retour à la politique de « coexistence pacifique », initiée par Khrouchtchev à une époque où l'on pouvait encore affirmer sans rire que l'URSS « rattraperait et dépasserait dans dix ans » le niveau de vie des citoyens américains, la politique menée par Gorbatchev veut désormais réunir les conditions mondiales du succès de la Perestroïka : détente internationale, réorientation des ressources naturelles et humaines au profit des secteurs civils, coopération technologique avec l'Occident, concentration des énergies et des moyens sur les objectifs de modernisation interne. D'où les mesures répétées de réduction des forces militaires soviétiques ; le retrait d'un nombre substantiel de divisions à l'Est et en Asie soviétique ; le départ de l'Armée rouge d'Afghanistan ; la réconciliation avec la Chine ; la politique modérée et conciliatrice sur la plupart des points chauds du globe (Moyen-Orient, Afrique, Amériques latine et centrale) ; l'attitude constructive lors des négociations de Vienne sur la réduction des forces conventionnelles ; l'acceptation de l'unification allemande dans le cadre de l'OTAN, avec la perte du glacis des anciennes « démocraties populaires ».

Certes, l'URSS de Gorbatchev poursuit toujours l'objectif d'une dénucléarisation de l'Europe centrale – l'option « triple zéro » – inacceptable pour les Occidentaux tant que durera la supériorité des forces conventionnelles soviétiques. Mais l'orientation générale de la diplomatie gorbatchévienne ne fait pas de doute. Elle est fermement axée sur la détente et, qui plus est, sur une détente qui cesse d'être « la continuation de la lutte des classes par d'autres moyens, en vue d'aboutir à la victoire mondiale du communisme », mais devient « la recherche d'un consensus universel en vue du co-développement » (discours de Gorbatchev devant l'Assemblée générale de l'ONU le 7 décembre 1988). La crise du Golfe déclenchée par l'Irak à partir d'août 1990, montre que la fin de la bipolarisation ne signifie nullement la fin de tout risque d'affrontement armé. Certains seront tentés de chercher dans des politiques de conquête l'exutoire à leurs difficultés internes. Dans un monde économiquement interdépendant, des dictateurs dotés de fortes ressources et d'un armement moderne disposent d'un formidable pouvoir de nuisance. La fin de la guerre froide peut et doit déboucher sur une ère de paix et de coopération si les principales puissances consentent à ce que l'ONU joue le rôle pour lequel elle a été instituée : faire respecter par tous le droit international, au besoin par la coercition. Elle peut déboucher aussi sur le retour à la loi de la jungle, la multiplication des guerres de rapine menées par des impérialismes régionaux. C'est un enjeu essentiel, qui doit renforcer la vocation internationaliste de la gauche.

Ces évolutions ne pourront pas se réaliser sans déchirements internes en URSS. Nul ne sait si celle-ci, en tant qu'Union, continuera d'exister. Nul ne connaît avec certitude l'issue de l'affrontement entre les réformateurs, les conservateurs et l'extrême droite national-populiste. La révolution démocratique constitue un processus prolongé, qui s'étalera sur des années, avec ses hauts et ses bas, ses flux et ses reflux, ses conquêtes et ses défaites. Après tout, n'en fut-il pas ainsi pour notre propre développement démocratique ? Ce qui est acquis, en revanche, c'est la fin du stalinisme. Un échec de M. Gorbatchev en URSS ne signifierait pas, aujourd'hui, le retour à la case départ, pas plus que le coup de force de Jaruzelski en 1981 n'a entraîné en Pologne le retour à l'avant-Solidarnosc. Une opinion publique est née, une révolution s'est opérée dans les têtes, une société civile s'est affirmée face au Parti-État, lui infligeant de terribles blessures. Le mouvement démocratique s'appuie sur les couches sociales ascendantes de la société soviétique, celles qui mettent en œuvre les moyens de production les plus modernes, et dont le poids ne va cesser de grandir. Quels que soient les revers, les reculs, les détournements, les défaites provisoires que subira ce mouvement, l'Histoire a tranché : le stalinisme est mort.

C'en est donc fini de la longue période de stabilité glacée qui régnait sur ce qui fut longtemps le bloc soviétique, c'en est fini aussi du communisme comme force spirituelle capable de soulever et de mobiliser des millions d'hommes. L'échec est avéré. L'écroulement est patent. Il nous appartient de faire en sorte que cet échec ne soit pas aussi celui de toute volonté de changer la vie. Car ne nous y trompons pas : si injuste que cela puisse nous paraître, à nous socialistes et sociaux-démocrates qui les premiers – dès 1920 au congrès de Tours – avons dénoncé l'utopie meurtrière de Lénine et de ses compagnons, les contrecoups de l'effondrement du stalinisme ne nous épargneront pas, ils ont déjà commencé à nous atteindre. Incurables optimistes, ceux qui pensaient que la chute du communisme ici, ajoutée là aux déconvenues du libéralisme sauvage, ouvrirait une voie royale et paisible au socialisme démocratique. La faillite du plus ambitieux et du plus radical des projets de transformation sociale de ce siècle jette la suspicion sur tous les autres et elle contribue à tarir l'énergie militante à la source. La crise du militantisme, le désintérêt pour la politique, le repli égoïste sur la vie privée qu'on déplore aujourd'hui trouvent là aussi leur motif. Le naufrage du communisme ne doit pas être celui de toute espérance collective. Pas facile pour la droite française, qui appuyait son pouvoir sur l'épouvantail communiste, de se retrouver devant son propre conservatisme. Pas facile surtout pour la gauche, marquée si longtemps par la prégnance du PCF, de faire face à la situation nouvelle et de repartir de l'avant.

L'exacerbation des contradictions Nord-Sud

La dernière mutation majeure concerne les rapports entre le Nord et le Sud. Les pays arabes se déchirent entre eux et avec Israël. L'Afrique noire – taux de croissance négatifs, expansion démographique galopante, famine, sida – est en voie de marginalisation. L'Amérique latine, dont on vantait il y a peu le dynamisme, évoque l'Allemagne de Weimar, quand il fallait une valise de deutsche marks pour faire son marché. Chômage massif, émeutes de la faim, endettement astronomique, criminalité de masse, saccage de la nature et du cadre de vie, certaines nations n'en finissent pas de descendre aux enfers. La part des pays du tiers-monde dans le commerce international est passée de 28 % en 1980 à 18 % en 1989. Certes, les situations sont très contrastées, la notion de tiers-monde a perdu beaucoup de sa pertinence, plusieurs pays d'Asie ont déjà décollé, d'autres, en Amérique latine, peuvent prendre leur envol. Mais dans l'ensemble domine la richesse à un pôle de la planète, la misère à un autre : situation insupportable et explosive !

D'autant plus que l'addition des misères pèse sur les mêmes épaules : là où frappe la misère économique sévissent aussi la maladie et la pollution. Le Sud connaît un développement dramatique du sida et de la drogue. Les pays riches se servent des nations pauvres comme d'une décharge sauvage pour leurs déchets. Ce qui n'était auparavant qu'une série d'injustices devient un scandale au moment où, en raison des moyens modernes de communication, tout est désormais connu de tous. L'extrême pauvreté côtoie l'insolence du luxe, les prodiges de la technique semblent obscènes quand ils n'arrivent pas à faire reculer le malheur. Comme me le disait un prêtre sud-américain, « pendant longtemps l'Occident s'est apitoyé à juste titre sur les peuples des pays de l'Est dont les magasins étaient vides, les logements indignes, et qui n'avaient pas de viande et pas de voitures. Mais chez nous, c'est pire ! La télévision diffuse à longueur de journée l'envie de consommer. Seulement nos peuples n'ont pas de quoi acheter. Là-bas, on ne consommait pas parce qu'on n'avait pas. Chez nous, on ne consomme pas alors que tout s'étale devant les yeux ! ».

La fracture mondiale n'est plus Est-Ouest, elle est Nord-Sud, séparant des situations collectives opposées, des espérances de vie inégalitaires, des idéologies, des cultures, des confessions. En Occident, la recherche du sens conduit à faire prévaloir le spirituel, le religieux et dans certains cas l'intégrisme. Au Sud, la réislamisation se développe « par le haut » (islamistes) ou « par le bas » (piétistes), avec partout le même objectif : réislamiser les sociétés musulmanes, puis le monde entier. Les moyens varient : pression politique sur les gouvernements dans certains cas, quadrillage de la société par des réseaux d'entraide conduisant à une autre forme de sociabilité dans d'autres cas. Le succès de ces mouvements est considérable. Il risque de s'amplifier d'autant plus qu'au-delà de leurs motifs religieux, ces mouvements se présentent dans les pays pauvres comme une réponse à la désespérance. La misère encourage la poussée intégriste. L'opposition des convictions politiques recule, celle des religions avance, qui peut dégénérer en confrontation des fanatismes. L'Occident a peur ? Oui. Il cherche à comprendre ? Il le faut. Lorsqu'un besoin d'entraide, de solidarité existe et qu'il n'est pas satisfait par d'autres canaux, les mouvements confessionnels sont encouragés à tenir ce rôle. Lorsqu'une société n'est pas à même d'assurer à la majorité de ses membres une existence digne et décente, mais les précipite au contraire dans la misère, l'insécurité, la dégradation morale et le désespoir, alors la violence sociale et religieuse monte en son sein et sonne l'heure des pronunciamientos et des pogroms. Si une partie des masses arabes et des autres peuples musulmans a pris parti pour Saddam Hussein dans le conflit du Golfe, c'est qu'elle a vu dans les émirs des créatures corrompues des Anglo-Saxons, et en lui l'homme de la revanche contre l'Occident détesté, nanti, exploiteur, oppresseur. Un nouveau Nasser, plutôt qu'un petit Hitler. Notre idéal et notre intérêt commandent que soit mis un terme à cette spirale infernale. La gauche et son laïcisme n'ont pas été accoutumés à cela. C'est notre tâche pour demain.

Ces cinq mutations contiennent de grandes promesses et de formidables menaces. Elles posent des questions majeures auxquelles notre pays et la gauche doivent répondre.

Une tenace tradition d'autodénigrement met en doute les capacités économiques de la France. Pourtant nous avons été les seconds à réaliser notre révolution industrielle au XIXe siècle et nous avons tenu très honorablement notre place dans la deuxième révolution industrielle, ce qui nous vaut de figurer aujourd'hui dans les premiers rangs. Face à la troisième révolution industrielle, saurons-nous, de la même manière, conserver notre puissance économique et approfondir la démocratie sociale ? Comment ?

Les socialistes – même s'ils se sont démarqués des communistes – ont cru dès l'origine comme eux au rôle déterminant de l'État. Les régimes de l'Est se sont effondrés et avec eux une certaine conception de l'État démiurge, accoucheur de la société. L'État, pour quoi ? Quel mode de fonctionnement ?

La gauche a longtemps eu le monopole (la bonne conscience ?) de la contestation globale des valeurs du capitalisme. Le flambeau semble repris, voire confisqué par les écologistes. A quoi servent la technologie et la croissance ? Nous proclamions autrefois qu'il fallait changer la vie. Nous ajoutons aujourd'hui qu'il faut la sauver. C'est la question de notre mode de développement qui est posée. Économie et écologie ensemble : quel contenu pour cet « écodéveloppement » ?

Dans un monde qui a cessé d'être bipolaire mais n'a fait disparaître ni la misère ni la guerre, comment agir pour le progrès et pour la paix ? Sécurité, désarmement, révolution démocratique à l'Est, rapports Nord-Sud, construction européenne. Comment conserver à la France un rôle d'acteur de premier plan et non de spectateur impuissant ? Comment faire avancer un nouvel ordre mondial ?

Toutes les formations politiques vivent une crise, le PS n'échappe pas à la règle. Quelle conception ? Quelles solutions ? Quelles perspectives ?

« Quand vous aurez renoncé à vous construire votre doctrine vous-même, il y aura de l'autre côté de la route des doctrines toutes bâties qui vous offriront leur abri. » Cette parole de Jaurès reste vraie. L'ampleur des bouleversements impose un aggiornamento du socialisme. Lequel ?

Beaucoup d'interrogations... C'est dire que je m'efforce ici de dessiner les contours et les grandes lignes d'un projet socialiste pour cette fin de siècle. Sachant que, dans le détail, ce projet ne pourra être le fruit que de l'élaboration collective de tous les socialistes et, au-delà, de toutes les femmes et hommes de gauche.

L'objet de ces pages est finalement de répondre à une question simple : qu'est-ce qu'être de gauche aujourd'hui ?

La réponse, chacun la porte en lui-même. A partir de son expérience de vie, de sa réflexion, de sa sensibilité.

La mienne me conduit à aller vers les autres et à scruter l'avenir. C'est pourquoi je reviens toujours, comme un point fixe, au grand Jaurès : « Ceux qui ont lutté dans les siècles disparus, à quelque parti, à quelque religion, à quelque doctrine qu'ils aient appartenu, mais par cela seul qu'ils étaient des hommes qui pensaient, qui désiraient, qui souffraient, qui cherchaient une issue, ils ont tous été, même ceux qui, dans les batailles d'alors, pouvaient paraître des conservateurs, ils ont tous été, par la puissance invincible de la vie, des forces de mouvement, d'impulsion, de transformation, et c'est nous qui recueillons ces frémissements, ces tressaillements, c'est nous qui sommes fidèles à toute cette action du passé, comme c'est en allant vers la mer que le fleuve est fidèle à sa source. »

CHAPITRE II

Modernisation libérale, modernisation socialiste

En juillet 1984, le président de la République me proposa de prendre la succession de Pierre Mauroy à Matignon. Grand honneur. Lourde tâche. Formidable enthousiasme surtout. Oui, il était possible de faire rimer générosité et efficacité, de sortir du « syndrome 1936 », de la « culture de la parenthèse », de la gauche qui s'écrase sur le mur de l'argent. J'étais déterminé à me battre pour essayer de relever les défis économiques et sociaux, inverser la courbe du chômage, améliorer l'équité, dynamiser la puissance publique. Nous n'avons pas tout réussi, bien sûr. Mais beaucoup. Les convictions qui m'animaient demeurent et se trouvent même renforcées : je crois profondément que le socialisme offre la seule voie crédible et juste de modernisation de la France.

Prononcée le 24 juillet devant le Parlement, ma déclaration de politique générale – « moderniser et rassembler » – fut bien accueillie. Mais j'en entendis sur la notion « molle » ou « apolitique » de modernisation ! Moderniser et rassembler, qui peut être contre ! La modernisation a remplacé la fameuse rupture avec le capitalisme ! Le socialisme technocratique a succédé au socialisme idéologique ! Sentiment conforté par le retour des dirigeants communistes à l'opposition... qui avait d'ailleurs commencé alors qu'ils siégeaient encore au gouvernement.

Le mot d'ordre de modernisation, évidemment, ne se suffit pas à lui-même. Il reste pourtant tout à fait d'actualité. Dans un monde en changement accéléré, les nations immobiles ou indolentes sont condamnées au déclin et à la dépendance. C'est même la nature de la période où nous vivons : non seulement les changements sont massifs, mais encore ils se cumulent et se succèdent à vive allure. La modernisation n'est pas une épreuve passagère, c'est une exigence permanente. Refuser la modernisation ainsi que l'a pratiqué le communisme bureaucratique, c'est se condamner à l'échec. L'accepter est indispensable. La maîtriser est l'objectif. Cependant il y a toujours plusieurs modernités possibles. Celle de Pierre Mendès France se distinguait de celle du général de Gaulle, celle de François Mitterrand de celle de Margaret Thatcher. Non, tout ne vaut pas tout. On peut opposer dans notre pays au moins deux conceptions, deux pratiques de la modernisation : l'une libérale ou conservatrice, l'autre démocratique ou socialiste. C'est un des traits qui permettent de situer droite et gauche, et de se situer par rapport à elles.

Qu'on ne se méprenne pas : je rejette le manichéisme. Il oublie la complexité du monde et le monde de la complexité. Je constate que, sur un certain nombre de points, les positions des diverses familles politiques se sont rapprochées. Je me garde aussi de considérer la droite française comme un seul bloc : à côté d'une droite réactionnaire, vivant dans la nostalgie de la France du « oui-papa, oui-patron, oui-chéri », il existe une droite moderniste et même réformatrice, qu'un homme comme Georges Pompidou a parfaitement incarnée.

Mais la modernisation que préconise la droite reste en général malgré tout autoritaire et conservatrice. Autoritaire parce que, doutant des capacités du plus grand nombre à comprendre les impératifs du changement et encore plus à y consentir, elle compte essentiellement sur l'initiative des « élites » pour y parvenir – en particulier des élites économiques et administratives. Aussi s'impose-t-elle le plus souvent d'en haut, sans véritable concertation ou négociation. Conservatrice, en ce qu'elle cherche à maintenir, à travers le changement, les positions des groupes dominants et vise à étendre à toutes les sphères de la société les rapports marchands, la loi de l'offre et de la demande (solvable).

Moderniser, pour les libéraux en ces années 90, est synonyme de dénationaliser, déréglementer, déréguler. Le désengagement économique et social de l'État, l'abandon aux forces du marché, supposées propices, tel est le contenu politique essentiel du libéralisme. C'est cette conception qui inspirait il y a peu Albin Chalandon lorsqu'il proposait de privatiser le système carcéral. C'est elle encore qui fut à l'œuvre dans la privatisation de TF 1 et dans l'évolution générale de notre télévision. Elle toujours qui a inspiré les privatisations conduites par Jacques Chirac et Édouard Balladur. On la voit fonctionner, avec sa logique, dans la Grande-Bretagne de Margaret Thatcher.

L'approche socialiste mise au contraire sur l'adhésion et la mobilisation du salariat. C'est pourquoi elle doit toujours être simultanément conçue comme une démocratisation : extension des libertés et des droits des travailleurs, participation des salariés aux fruits de l'expansion, développement de l'égalité des chances et de la justice sociale, mutualisation des risques sociaux. Il y a place pour un débat sérieux sur ce sujet entre la droite et la gauche.

Néotaylorisme, néopaternalisme et démocratie salariale

Prenons l'exemple des entreprises. La modernisation libérale s'efforce d'introduire les nouvelles technologies en conservant autant que possible les anciens rapports sociaux, l'ancienne organisation du travail, les anciennes relations de pouvoir. Elle limite l'impératif de modernisation à l'innovation technique et minimise en général l'innovation sociale, sans laquelle la première perd pourtant une bonne part de son efficacité. Elle revêt aujourd'hui principalement deux formes : l'une « hard » – le néotaylorisme –, l'autre « soft » – le néopaternalisme.

Le taylorisme était agonisant. Le premier mouvement de certains chefs d'entreprise a été d'utiliser les nouvelles technologies pour lui redonner de la vigueur, avec sa parcellisation des tâches, sa division entre conception et exécution, sa rigidité des normes et des temps de production. La révolution de l'information ne débouche pas spontanément sur un mieux-être. Elle permet aussi de décomposer, standardiser, cloisonner des activités qui échappaient jusque-là, pour des raisons de complexité, au « travail en miettes ». Elle peut conduire à déposséder de nouvelles catégories d'ouvriers qualifiés et de techniciens de leur savoir-faire pour l'incorporer dans les programmes des machines automatiques. Elle autorise à remplacer les anciens chronométreurs en blouse blanche par des « mouchards électroniques », autrement plus indiscrets et vigilants. A côté de la CAO (conception assistée par ordinateur), se développe ainsi le CPAO (contrôle de productivité assisté par ordinateur). A tout moment, pour chaque poste de travail, des terminaux informatiques peuvent fournir sur imprimante des indications détaillées sur les performances de chaque opérateur rivé à son clavier. Un tel système existe non pas dans quelque entreprise obscurantiste, mais dans la plus moderne de toutes, celle qui compte parmi ses salariés le plus de prix Nobel : ATT (American Telephone and Telegraph).

La « taylorique » – par contraction de « taylorisme » et d'« informatique » – induit une certaine pratique de la modernisation. L'ajustement des effectifs et des qualifications aux postes de travail s'opère par « dégraissage » de la main-d'œuvre « obsolète » et, éventuellement, par embauche de nouveaux salariés, frais émoulus des écoles. La formation interne est limitée et concerne surtout l'encadrement supérieur. L'organisation du travail répond aux bons vieux principes de l'Organisation scientifique du travail (OST). Les responsabilités sont confiées à une minorité de techniciens hautement qualifiés, la masse des opérateurs de base se voit assigner des tâches routinières. Un maximum d'activités sont confiées à des sous-traitants, l'entreprise donneuse d'ordres se réserve les activités nobles, à haute valeur ajoutée, et l'assemblage. La « gestion de la ressource humaine » est différenciée. Elle recherche l'intégration des travailleurs permanents de l'entreprise au moyen de salaires intéressants, d'une relative sécurité de l'emploi et d'avantages non monétaires multiples. Elle soumet les salariés des entreprises sous-traitantes et *a fortiori* la masse des travailleurs intérimaires à des conditions dures. La « société duale » ou à « trois vitesses » s'enracine d'abord sur les lieux de travail.

Dans son excellent rapport sur la modernisation des entreprises, Antoine Riboud, président de BSN, a fort bien analysé ces méthodes, déplorant que, dans la majorité des cas, c'est à une modernisation de ce style qu'ont spontanément procédé pas mal de chefs d'entreprise français. Moderniser, c'est alors s'offrir de nouvelles machines, de nouveaux équipements, édifier de nouvelles installations, mais en conservant pour l'essentiel la gestion, la communication, l'organisation du travail existantes. Cette façon de faire a suscité les critiques d'une partie du patronat lui-même. La plus fracassante a été adressée, il y a déjà onze ans, par M. Matsushita, dirigeant de la Matsushita Electric Industrial Cie. Morceau d'anthologie qui mérite d'être relu et médité.

« Nous allons gagner et l'Occident industriel va perdre, disait en 1979 M. Matsushita. Vous n'y pouvez pas grand-chose, parce que c'est en vous-mêmes que vous portez votre défaite. Vos organisations sont tayloriennes, mais le pire, c'est que vos têtes le sont aussi. Vous êtes totalement persuadés de faire bien fonctionner vos entreprises en distinguant d'un côté les chefs, de l'autre les exécutants. D'un côté ceux qui pensent, de l'autre ceux qui vissent. Pour vous, le management, c'est l'art de faire passer convenablement les idées des patrons dans les mains des manœuvres. Nous, nous sommes post-tayloriens. Nous savons que le business est devenu si compliqué, si difficile et la survie d'une firme si problématique, dans un environnement de plus en plus dangereux, inattendu et compétitif, qu'une entreprise doit chaque jour mobiliser toute l'intelligence de tous pour avoir une chance de s'en tirer. Pour nous, le management, c'est précisément l'art de mobiliser et d'engerber toute cette intelligence de tous au service du projet de l'entreprise. Parce que nous avons pris, mieux que vous, la mesure des nouveaux défis technologiques et économiques, nous savons que l'intelligence de quelques technocrates – si brillants soient-ils – est dorénavant totalement insuffisante pour les relever. Seule l'intelligence de tous ses membres peut permettre à une entreprise d'affronter les turbulences et les exigences de son nouvel environnement. C'est pour cela que nos grandes sociétés donnent trois ou quatre fois plus de formation à tout leur personnel que ne le font les vôtres. C'est pour cela qu'elles entretiennent en leur sein un dialogue et une communication si denses, qu'elles sollicitent sans cesse les suggestions de tous et surtout qu'elles demandent – en amont – au système éducatif national de leur préparer toujours plus de bacheliers, de généralistes éclairés et cultivés, terreau indispensable à une industrie qui doit se nourrir d'intelligence permanente. Vos “patrons sociaux”, souvent gens de bonne volonté, croient qu'il faut défendre l'homme dans l'entreprise. Réalistes, nous pensons à l'inverse qu'il faut faire défendre l'entreprise par les hommes et que celle-ci leur rendra au centuple ce qu'ils lui auront donné. Ce faisant, nous finissons par être plus “sociaux” que vous. »

M. Matsushita va droit au but. La mise en œuvre taylorienne de la révolution informatique n'est pas seulement injuste, elle est aussi économiquement irrationnelle. Les technologies nouvelles coûtent cher en équipement. La quantité de capital investi par salarié est multipliée par quatre, dix, vingt... selon les industries. Pour rentabiliser les investissements, il faut une main-d'œuvre capable et désireuse de tirer parti du potentiel des nouveaux équipements. Pour atteindre les « cinq zéros » olympiques des Japonais – zéro défaut, zéro délai, zéro stock, zéro papier, zéro panne –, la mobilisation volontaire de la main-d'œuvre est indispensable. Pas plus qu'on n'attrape les mouches avec du vinaigre, on n'obtient la mobilisation des salariés par l'organisation taylorienne du travail. Celle-ci fut peut-être une méthode efficace au début du siècle. Aujourd'hui elle entre en contradiction avec les technologies nouvelles, avec les nouvelles modalités de la concurrence internationale et les aspirations des travailleurs à l'autonomie. C'est pourquoi existe une autre version, la version « soft » de la modernisation libérale que le modèle japonais, précisément, a porté à la perfection.

Dans cette version, les chefs d'entreprise « post-tayloriens », comme dit M. Matsushita, s'efforcent de mobiliser l'intelligence, la créativité, l'enthousiasme des salariés au service de l'entreprise sans pour autant modifier le système de la hiérarchie. La mobilisation s'effectue à l'initiative et sous le contrôle de la maîtrise et elle a essentiellement pour objet l'amélioration de la qualité des produits et de la productivité du travail. Les « cercles de qualité », les « groupes d'échange » et de progrès visent à associer activement les travailleurs à une stratégie d'entreprise qui continue en réalité d'être définie en dehors d'eux. L'organisation autonome des salariés, l'affirmation de contre-pouvoirs réels n'existent pas plus dans certaines de ces entreprises « post-tayloriennes » que dans les firmes d'antan. Le paternalisme (c'est-à-dire la conviction que dirigeants et salariés sont d'une autre essence, que les seconds doivent gratitude et obéissance aux premiers en échange de leur protection et de leur bienveillance) a changé de forme. Il a été déconcentré, son exercice a été délégué aux agents de maîtrise, mais il n'a pas disparu. La participation des travailleurs porte en général sur des questions subalternes, circonscrites, prédéterminées. Les problèmes essentiels, stratégiques, sont tenus hors de leur champ de compétence. Du même coup, il n'est pas rare que cette évolution de l'entreprise rencontre au bout d'un certain temps des difficultés : on est encore bien loin de la démocratie économique.

Vers la démocratie économique

La gauche doit et peut incarner une autre modernisation des entreprises, dépassant à la fois le taylorisme et le paternalisme.

L'idée-force, c'est que la nouvelle donne technologique et économique crée non seulement les conditions d'une démocratisation des entreprises et de l'économie, mais encore que cette démocratisation constitue la principale source de mouvement : celle qui confère à toutes les autres (équipements, technologies, organisation) leur efficacité maximale. Il faut développer la totalité du potentiel émancipateur des nouvelles technologies, non les mettre au service d'une déqualification supplémentaire. Pas de modernisation par exclusion, au contraire une modernisation par intégration.

Dépasser le taylorisme, c'est, dans cette perspective de gauche, utiliser les nouvelles technologies en vue d'enrichir et de recomposer les tâches, promouvoir une organisation qualifiante du travail, intégrer la formation à la production, favoriser la promotion interne et les carrières ouvrières, développer l'information préalable des salariés, les associer à l'introduction des techniques nouvelles, assurer la flexibilité du travail par la qualification polyvalente des opérateurs, pratiquer une « gestion prévisionnelle de la main-d'œuvre » veillant à la garantie de l'emploi et, en cas de licenciements, assurant les reconversions et les reclassements hors de l'entreprise.

Certains se diront peut-être en lisant ces lignes et en les comparant avec ce qu'ils vivent autour d'eux : « Là où je travaille, nous n'en sommes malheureusement pas là. Nous en restons même loin. » Je sais que la réalité de notre pays est très diverse, qu'il existe plusieurs secteurs où ces perspectives n'apparaissent pas encore, avec toutes les conséquences que cela comporte sur la nature du travail et la situation difficile des salariés. Et cependant il ne s'agit pas de rêveries mais de pratiques déjà partiellement mises en œuvre par de nombreuses sociétés. Lorsque j'étais ministre de l'Industrie, j'ai suivi avec intérêt l'expérience des « 1 000 = 1 000 », tentée par Merlin-Gérin à Grenoble. Au lieu de licencier mille jeunes travailleurs non préparés à se servir de machines à calcul numérique et de les remplacer par d'autres, mieux qualifiés, la direction de Merlin-Gérin avait décidé de former ces mille salariés à l'utilisation des machines nouvelles. La décision présentait un coût économique élevé, mais un rapport plus élevé encore en termes d'attachement à l'entreprise, de motivation au travail, de consentement au changement technologique. Récemment, Thomson-CSF a signé avec les syndicats un accord par lequel l'entreprise s'engage, en cas de licenciement inévitable, détecté longtemps à l'avance, à présenter au salarié une offre d'emploi, dans ou hors du groupe Thomson, avec formation lourde assortie. En cas de refus ou d'échec, une seconde offre est proposée. Les salariés de plus de cinquante ans ne seront plus licenciables. Chez Saint-Gobain, Rhône-Poulenc, Framatome, EDF, des accords analogues sont en vigueur.

Dépasser le paternalisme, c'est, dans cette approche de la modernisation, ne pas chercher à marginaliser les syndicats de salariés mais au contraire les conforter. C'est étendre le champ de la concertation à tous les aspects de l'activité de l'entreprise : salaires et conditions de travail, organisation de la production, qualifications, formation, carrières, innovations technologiques, réduction et aménagement du temps de travail, stratégie d'investissement et de désinvestissement avec leurs compétences pour les salariés. Pas l'autogestion d'antan : il ne s'agit pas d'éliminer les entrepreneurs – espèce au rôle précieux – pour leur substituer des dirigeants désignés par l'État ou élus par la base. Il s'agit, plus prosaïquement, d'adosser le pouvoir patronal à un réel contre-pouvoir salarié, partage du pouvoir ne signifiant pas confusion des pouvoirs. Complétons les lois Auroux (et d'abord faisons-les appliquer) en nous alignant, qu'il s'agisse des comités d'entreprise ou des conseils d'administration, sur les législations européennes les plus avancées et les plus efficaces.

Comme l'a excellemment écrit Edmond Maire, le pouvoir patronal et le pouvoir syndical expriment dans l'entreprise deux légitimités également respectables : le premier incarne l'impératif de pérennité et de développement de la firme, les contraintes auxquelles il faut qu'elle se plie pour rester dans la course. Le second exprime l'aspiration des salariés à des conditions de travail humaines et à une rémunération convenable. Les représentants des salariés n'ont pas à faire le métier des chefs d'entreprise à leur place mais il n'est pas de domaine qui, par nature, doive leur échappper. Ils ont leur mot à dire dans la stratégie de la firme comme, selon les cas, les représentants de l'État ou ceux des actionnaires. Ils doivent être associés à l'élaboration des « contrats de travail » (ou d'objectifs) à moyen terme de l'entreprise. Il leur faut négocier les conséquences sociales des choix stratégiques. Ce qui, soit dit en passant, implique qu'ils se transforment de pure force de revendication en force de contrôle et de propositions. A cette condition, le « projet d'entreprise » sera réellement celui des salariés.

Cette démocratisation de l'entreprise qui reste à réaliser dans la plupart des cas est la mieux capable à long terme de faire pleinement réussir la nouvelle révolution technologique. Elle implique une mutation des acteurs économiques et sociaux issus du taylorisme et formés à son moule : mutation de certains chefs d'entreprise, méfiants à l'égard de la base salariée, tayloriens dans leur tête, comme disent les Japonais ; mutation de l'encadrement, remis en question par le processus de détaylorisation et de démocratisation ; mutation de la base salariée accoutumée au taylorisme, souvent mutilée par lui ; mutation des syndicats, dans la mesure où il leur est parfois difficile de résister à la tentation du corporatisme et du « toujours plus », fût-elle drapée dans les oripeaux idéologiques du refus de la « collaboration de classe » ; mutation de la gauche elle-même, de sorte qu'elle cesse de considérer nécessairement le patron comme l'ennemi, l'entreprise comme un lieu d'exploitation nécessairement éhontée, la gestion comme une concession regrettable et la volonté participative des salariés comme allant de soi.

Ce sera donc une bataille longue. Son développement et son succès sont cependant portés à la fois par l'évolution techno-économique et par celle des mœurs. L'entreprise n'est pas une unité politique comme la commune, la cité, la nation. Entité économique, sa réussite suppose la rentabilité, la compétitivité. Ma conviction est que, dans un environnement où le respect des droits de l'homme a beaucoup progressé – même s'il reste du chemin à faire – on ne peut remplir ces conditions qu'en donnant à l'entreprise, avec des adaptations, bien sûr, les normes de commandement et de coopération qui prévalent en dehors d'elle. La citoyenneté sera, non plus partielle – juridique et politique – mais globale, économique et sociale. Notre république bicentenaire s'achemine vers la démocratie économique et sociale.

Au demeurant, la démocratie politique dans la Nation ne s'est pas faite non plus en un jour. Elle a été censitaire, puis sexiste, avant de devenir universelle. Elle a besoin sans cesse d'être revitalisée, défendue, consolidée. La démocratie économique et sociale a désormais pour elle l'atout des nouvelles technologies et des nouvelles conditions de la compétitivité. La première révolution industrielle avait sonné le glas du travail artisanal à domicile ou en atelier et l'avènement de l'usine-caserne, avec sa hiérarchie et sa discipline quasi militaires. La deuxième a engendré le taylorisme, c'est-à-dire l'extrême parcellisation des tâches et la soumission de l'ouvrier au bureau des études, au système des machines. Avec la troisième révolution industrielle, l'efficacité économique requiert davantage d'information, de formation, de communication, de polyvalence, de participation à la marche de l'entreprise. Pour la première fois depuis le début de l'ère industrielle, les aspirations de l'homme et les exigences techniques et économiques de la production peuvent converger. Notre volonté de libérer les hommes dans le travail ne se heurte plus aux tendances lourdes de la technologie et aux contraintes économiques, au contraire elle peut s'appuyer sur elles. L'approche de gauche est non seulement juste mais encore efficace, efficace parce que juste. A nous de faire partager ce message.

Libéralisme : le laboratoire anglais

Ne soyons pas naïfs : la vision de la droite reste prédominante dans l'Europe économique d'aujourd'hui. Elle est plus ou moins accentuée mais s'incarne, non loin de la France, de la façon la plus nette dans la politique de Margaret Thatcher. C'est elle qui constitue la démonstration la plus achevée du libéralisme. Émanciper les entrepreneurs du « carcan » de l'État et des syndicats, lâcher la bride aux forces du marché, telle est la voie thatchérienne vers la modernité.

Cette politique tend à fonder les inégalités en nature : dans un monde où la providence donnerait à chacun ce qu'il mérite, les victimes du progrès sont les premiers responsables, sinon les seuls, de ce qu'il leur advient. La modernisation libérale-autoritaire passe par le désengagement économique et social de l'État, la privatisation des entreprises nationalisées et des services publics, le démantèlement progressif – en fonction des résistances – de l'État-protecteur, la déréglementation, c'est-à-dire la diminution ou la suppression d'un certain nombre de contrôles sur les capitaux, les prix, les salaires, les dividendes, la révision à la baisse du droit du travail, l'affaiblissement des syndicats... Marché-autorité-ordre moral, tels sont les trois piliers du thatchérisme.

Cette démarche induit une stratégie de privatisation. La réduction des budgets économiques et sociaux de l'État entraîne la paupérisation des services publics. Les besoins allant croissant et les ressources restant au mieux stationnaires, après quelques années ces services entrent en crise. Les autorités dénoncent alors l'inefficacité du secteur public et l'imputent à sa nature de semi-administration. La crise se prolonge, l'opinion publique s'exaspère, la voie est libre pour la privatisation. L'affaiblissement des syndicats et du pouvoir municipal favorise l'opération en réduisant la capacité de résistance des usagers.

En Grande-Bretagne, le scénario a été mis en œuvre, depuis 1979, dans les domaines de l'Éducation, la Santé et la Sécurité sociale, le Logement. Le budget de l'école publique a été réduit. Les effectifs enseignants ont diminué et les locaux scolaires se sont dégradés. Simultanément, des avantages fiscaux ont été accordés aux familles plaçant leurs enfants dans les écoles privées et aux investisseurs finançant ces écoles. Les taux de TVA ont beaucoup augmenté, ainsi que les cotisations sociales. L'impôt sur le revenu a été divisé par deux pour les taux les plus élevés. L'impôt sur le bénéfice des sociétés a été fortement diminué et de nombreuses charges pesant sur les entreprises ont été allégées.

Il ne s'agit pas d'un retour à la Grande-Bretagne du XIXe siècle, mais d'une réelle stratégie de modernisation. Et il est vrai qu'à partir de 1982 le taux de croissance du PNB britannique, comme celui de la productivité du travail, a progressé et qu'en 1984 le chômage – quoique difficile à évaluer (ses critères précis ont changé vingt-trois fois en sept ans) – avait commencé à diminuer. Mais, avec du recul, le bilan d'ensemble est mauvais, parfois même catastrophique : la croissance britannique se ralentit ; le chômage remonte ; si le taux de profit des entreprises britanniques a fortement progressé, l'investissement privé n'a guère pris le relais de l'investissement public ; la croissance par la consommation a relancé l'inflation et engendré un déficit extérieur important (malgré la rente pétrolière de la mer du Nord) ; l'industrie britannique s'est pour une large part effondrée ou vendue à l'étranger.

Surtout les conséquences sociales sont très lourdes : l'institution de la société duale – « a two nations country », disent les Britanniques –, la montée de la violence et des problèmes sociaux. Dix ans de thatchérisme se soldent par une forte poussée des inégalités. L'existence d'une « underclass », qui comprend un quart de la population, est désormais évoquée couramment, y compris dans le camp conservateur. Cette coupure sociale s'incarne territorialement. Au nord (pays de Galles, Écosse, Irlande du Nord), on trouve à la fois les grandes cités industrielles en déclin, les travaillistes et les plus forts taux de chômage, de mortalité infantile, de pauvreté. Au sud, on trouve au contraire les agglomérations en forte croissance tertiaire et « high-tech », les conservateurs, les développements urbains dans les ceintures vertes, les PMI flexibles et innovantes, le boom immobilier, les embouteillages et la crise des transports.

Sous-produit de la société duale en voie d'institutionnalisation : la montée de la violence sociale. Le hooliganisme sur les stades de football prend figure de symbole. Ce n'est que la partie émergée de l'iceberg. En 1981, et à nouveau en 1985, une vague d'émeutes dévastait les « inner cities » (Liverpool, Manchester, Londres...). Batailles rangées entre jeunes et forces de l'ordre se sont multipliées en milieu rural. Bien sûr, il est difficile d'établir rigoureusement un lien de cause à effet entre le déchaînement de cette violence sociale et la modernisation de style Thatcher. Pourtant, alors que 70 % des jeunes quittent le système scolaire sans diplôme, que les infrastructures et les services publics se dégradent, que la précarité et la misère des uns côtoient l'opulence et l'arrogance des autres, on imagine mal que ces deux phénomènes soient sans relation.

Modernisation socialiste et économie mixte

Face à une même exigence de modernisation, la droite et la gauche, les libéraux et les socialistes ont donc deux approches différentes. Non pas sur tout : ce serait caricatural de le prétendre. Mais la philosophie, les méthodes d'action, les résultats sont souvent distincts. Le tout-État, la gauche le récuse. Le tout-marché, elle le refuse. Elle se place désormais résolument dans la perspective de l'« économie mixte », qui, remplaçant le collectivisme de l'ancienne démarche communiste et socialiste, prend désormais une place centrale dans notre action.

L'économie mixte, ce n'est pas un mot magique de plus qui évite de réfléchir. N'en déplaise à Charles Pasqua, ce n'est pas davantage un système « où les hommes d'affaires font de la politique et les hommes politiques des affaires ». N'est-ce pas le libéralisme sauvage et l'économie administrée qui ont porté l'osmose et la confusion entre ces milieux à leurs sommets ? L'économie mixte, c'est la coexistence d'un secteur privé prédominant et d'un secteur public important, c'est l'économie de marché corrigée par l'intervention des pouvoirs publics et des contre-pouvoirs salariés : syndicats, organisations de consommateurs, associations de protection de l'environnement... C'est la combinaison de plusieurs logiques dont l'articulation s'avère féconde : secteur privé et État-providence ; marché et service public ; profit et satisfaction des besoins.

Les socialistes sont partisans de l'économie mixte depuis qu'ils se sont avisés que le marché n'est pas un choix, mais une donnée. Chercher à l'abolir, comme dans les économies administrées de l'Est, c'est assurer sa résurgence sous la forme de marchés noirs et gris, ce dont, aujourd'hui, Mikhaïl Gorbatchev lui-même est convaincu. Ayant ainsi reconnu les mérites éminents de la libre entreprise, ayant même réhabilité l'entreprise aux yeux des Français, la gauche ne doit pas sacrifier pour autant au fétichisme de la régulation spontanée par la « main invisible ». Laissées à elles-mêmes, les forces du marché ne débouchent pas sur l'optimum économique, mais peuvent au contraire entraîner le sacrifice du long terme au court terme, la destruction de l'environnement, la désagrégation du lien social. Aussi doit-on accepter la formule déjà trentenaire des socialistes allemands : « Le marché autant que possible, le Plan autant que nécessaire. »

La question que pose l'économie mixte n'est pas de savoir s'il faut y demeurer ou en sortir. Typique faux débat à la française ! Le capitalisme de libre concurrence n'existe plus dans nos contrées depuis au moins les années 30. L'économie mixte a été la réponse des démocraties occidentales à la faillite du libéralisme économique entre les deux guerres. La régulation par le seul marché a abouti alors à la Grande Dépression et à ses conséquences : la montée des totalitarismes et la marche à la guerre. Même les esprits les plus doctrinaires ont fini par se persuader que l'économie était une chose trop sérieuse pour être laissée aux seuls entrepreneurs et que l'État et les syndicats devaient y prendre activement part, sauf à se résigner à de nouvelles catastrophes. Aujourd'hui, partout on a affaire non pas à des myriades d'entreprises en concurrence sur un marché pur et parfait, mais à des systèmes productifs, des « complexes état-industriels », où entreprises et État se trouvent étroitement imbriqués.

Au Japon, le MITI, super-ministère de l'Industrie et du Commerce, ne se contente pas d'assumer un rôle d'« Intelligence service technologique », comme l'écrit joliment Christian Sautter, ni de jardinier économique cultivant sous serres chaudes les frêles pousses des industries de l'avenir. En collaboration étroite avec les grandes entreprises nippones, il a orchestré, par voie législative, dans les années 70, le redéploiement complet du système productif japonais : désengagement des secteurs de la chimie lourde, de la construction navale, de l'aluminium de première transformation ; automatisation des industries de biens de consommation – automobiles, électroménager, électronique grand public ; investissement massif dans les secteurs de haute technologie en expansion rapide : informatique et biotechnologies. En 1978, le MITI, toujours lui, a fait voter trois lois sur « les secteurs en récession industrielle », définissant les modalités de leur réorganisation : quinze secteurs ont été désignés et un délai de cinq ans fixé pour atteindre des objectifs chiffrés de réduction des capacités de production. En 1983, le MITI a lancé un nouveau train de lois portant sur vingt-six secteurs à restructurer en cinq ans.

En réalité, le vrai et seul débat porte sur les modalités, les formes nouvelles que doit revêtir l'économie mixte en cette fin du XXe siècle. Elle peut être subreptice, autoritaire et conservatrice : c'est la version de la droite. Elle peut être explicite, démocratique et progressiste : c'est la démarche socialiste. Dans un monde en changement accéléré, il est clair que l'économie mixte doit, elle aussi, évoluer et s'adapter.

D'abord parce qu'il faut corriger les effets pervers que, comme tout système, elle engendre à la longue : il est vrai que la concertation entre entreprises, pouvoirs publics et syndicats s'est parfois dégradée en concubinage, confusion des rôles, dilution des responsabilités. Le paradoxe, c'est que ces effets pervers, notamment l'interventionnisme de détail, le dirigisme tracassier de l'État, ont atteint leur apogée souvent sous les septennats réputés libéraux. Ministre de l'Industrie, puis Premier ministre, je me suis efforcé de définir des règles qui soient claires pour tous les chefs d'entreprise et qui assurent l'autonomie de gestion des chefs d'entreprise publique et les garantissent contre l'interventionnisme tatillon des bureaux. Ce furent les « contrats de Plan » pluriannuels, devenus aujourd'hui « contrats d'objectifs » : une fois ce contrat signé, l'administration doit laisser les chefs d'entreprise faire leur métier. C'est dans cette direction qu'il faut poursuivre.

Ensuite, il est temps d'admettre que la politique économique ne peut plus être ce qu'elle était au temps des premiers plans, ne serait-ce qu'en raison de la mondialisation de l'économie. Le rôle économique de notre État, en cette fin du XXe siècle, consiste d'une part à aider les entreprises françaises à prendre le tournant de la nouvelle révolution technologique, en réduisant les incertitudes, les coûts et les risques d'une telle mutation, d'autre part à conférer au système économique davantage de rationalité, d'organisation et de justice, afin que les efforts entrepris à l'échelle nationale ou européenne ne soient pas anéantis par les désordres internes ou par ceux de l'économie-monde. Le premier objectif exige que l'État se préoccupe d'éclairer plus efficacement l'avenir, joue plus résolument son rôle de

« vigie technologique » et économique. Le Commissariat général au Plan pourrait collecter, traiter, diffuser toutes les données disponibles sur l'évolution technologique, économique et sociale à long terme. Alors que la quête de l'information reste pour les entreprises une course d'obstacles, le Plan devrait élaborer cette information de manière à la rendre accessible notamment aux PME, ce qui n'est pas aujourd'hui le cas. C'est ce que fait le MITI japonais. Au-delà de cette fonction d'« intelligence service », les pouvoirs publics doivent persévérer dans leur rôle de régulateur économique, de redistributeur et de « développeur », en incitant les grandes entreprises à constituer, dans les principaux secteurs économiques, des champions nationaux de tout premier rang, en encourageant par une aide multiforme le tissu français de PMI-PME, en équilibrant le territoire, en incitant au progrès social : aide à la formation, à l'automatisation, au management, à l'association. Portée par les avancées de la loi et du contrat, l'économie mixte contribuera à une modernisation de gauche.

La société d'économie mixte ne se réduit pas au rôle régulateur, redistributeur et, le cas échéant, entrepreneurial de l'État. Elle doit être « mixte » également parce qu'elle articule secteur marchand, service public et « économie sociale » (ou tiers-secteur). Refusant la marchandisation générale des rapports sociaux, elle doit s'efforcer d'en préserver certaines sphères de la société : activités régaliennes de l'État, bien sûr – justice, police, administration, défense –, que certains libéraux retrocéderaient volontiers au privé. Mais aussi activités où, plus qu'ailleurs, il importe pour la cohésion nationale qu'un minimum d'égalité des chances soit assuré entre citoyens : éducation, santé, communications, culture. Dans notre approche de la modernisation et du rôle de la puissance publique, le souci de justice ne peut pas être séparé du souci d'efficacité, la dimension sociale et la dimension économique sont indissociables. L'ensemble de ces démarches se prolongeant le plus possible au niveau européen.

Car la véritable échelle de l'économie mixte doit devenir désormais continentale. Les libéraux commettent un contresens lorsqu'ils affirment que l'économie mixte à la française constitue un obstacle à la construction de l'Europe. C'est le contraire qui est vrai. Abandonnée aux seules forces du marché, l'Europe ne serait qu'une aire de libre-échange doublée d'une zone mark. Autant dire qu'elle ne serait pas. Son édification exige l'action volontariste, non seulement des entreprises, mais aussi des partenaires sociaux et des États. Le débat gauche-droite sur la modernisation doit de plus en plus s'étendre au niveau européen.

CHAPITRE III

État modeste ou État moderne

Quel paradoxe ! Au moment où le champ de ce qui est scientifiquement possible n'a jamais été aussi vaste, où les technologies du « changer la vie » sont là, voici que la gauche dans la plupart des pays d'Europe éprouve un sentiment d'ankylose et de paralysie. Voici que dans nos sociétés complexes les gouvernements ne pourraient agir qu'à la marge. Ayant perdu le pouvoir de faire, de faire faire et même de faire aller, ils ne conserveraient plus que celui de nuire. Ne pas en abuser, et même en user le moins possible, deviendrait le sommet du bien gouverner. A l'idéologie passée du « nyaka » succède l'idéologie du « kipeuton ».

On a suggéré, en explication à ce revirement, l'effondrement des grandes idéologies du XIXe siècle et sa conséquence : le parti du mouvement a perdu le nord, il ne sait plus vers quelle direction orienter ses pas. Lui qui, il y a peu, rêvait de brûler les étapes s'adonne au charme du surplace ou s'en remet aux mouvements de la société civile pour décider du chemin.

Les socialistes allemands m'ont livré une autre explication, d'ailleurs nullement contradictoire : et si ce sentiment d'impotence qui nous laisse alanguis sur le mol oreiller de la gestion, si ce sentiment n'était que le reflet, l'intériorisation de l'évidence : en cette fin du XXe siècle, nos pays – sauf précisément l'Allemagne – ne pourraient plus être, chacun séparément, des acteurs historiques de premier plan ? Ils subiraient les événements, plus qu'ils ne les façonneraient. Un objet n'a pas de projet. Il a un destin, formé à son insu, et qui s'impose à lui comme une fatalité. A la longue, les pays se résigneraient à la politique de leurs moyens : modeste, prudente, frileuse. Et ils reporteraient cette modestie sur leur approche de l'État. Voire !

Précisément parce que la société mixte qui est notre choix demande une intervention de l'État, elle suppose qu'on réfléchisse sur ses missions, sur ses modes d'organisation, sur ses règles de gestion. La métamorphose de l'univers public est une nécessité et une urgence.

Les Français dans tout leur État

La crise de 1929 avait la première démodé l'illusion d'un laisser-faire à la française. La période de reconstruction d'après-guerre imposa une vision beaucoup plus active de l'appareil d'État tout en débarrassant l'horizon du projet technocratique issu des cabinets « modernistes » de Vichy. La puissance publique n'apparut plus seulement alors comme un instrument de protection contre les chocs économiques extérieurs et de guidage des forces sociales internes. On comprit qu'elle permettait à la fois de stimuler la modernisation de l'appareil de production et de gérer les équilibres sociaux à travers la redistribution. Sous les auspices de Keynes et de Beveridge, cette évolution servit de fondement aux « trente glorieuses ». Un cercle vertueux se nouait entre une croissance tirée par la demande et une demande élargie par la redistribution des fruits de la croissance. L'État régulateur et protecteur était le centre névralgique de la Nation.

La crise des années 70 a remis en cause ce modèle identifié en fait à la social-démocratie. L'État n'est plus apparu comme un moteur mais comme un frein. Le besoin de décentralisation a été ressenti de plus en plus fortement. La croissance des prélèvements obligatoires, parallèle à celle des dépenses publiques, cst devenue insupportable pour les ultralibéraux. Aux yeux mêmes de la gauche libérale-libertaire, l'État ne rendait plus les services qu'il devait assurer. La « machine égalitaire », écrit Alain Minc, est entrée désormais dans l'ère des rendements décroissants, trop lourde et trop opaque pour qu'on puisse vérifier qu'elle assure de justes transferts.

Au-delà de ces analyses, les Français s'interrogent concrètement sur l'efficacité de leurs services publics. Les parents d'élèves ou les clients d'Air Inter, les assurés sociaux ou les contribuables protestent ici ou là, à tort ou à raison, contre la dégradation du fonctionnement, l'impersonnalité des règles et l'anonymat des relations avec les agents. Des livres à succès dénoncent le « toujours plus » administratif ou la « haute privilégiature » d'une « noblesse d'État » coupée des réalités sociales et économiques. Hier vitrine de la Nation, la fonction publique serait devenue son repoussoir, menacée d'implosion par la poussée des corporatismes, minée par une improductivité que protégerait la garantie de l'emploi. Un fossé paraît se creuser entre les fonctionnaires et leurs concitoyens.

Beaucoup d'agents de l'administration sont mécontents. Les conflits à la SNCF, les grèves des infirmières, celles des enseignants ou des employés du fisc, le mouvement des gendarmes sont des manifestations de ce malaise. Conditions de rémunération, bien sûr. Mais aussi conditions de travail, cadre de vie, reconnaissance sociale. Celui qui ignore qu'une partie des enseignants vivent dans des collèges ou des lycées vieillis, dégradés, dont les toilettes ne fonctionnent plus, dont les peintures s'écaillent, avec le sentiment d'être seuls, sans soutien pédagogique, sans interlocuteur, ne comprendra pas grand-chose aux crises récurrentes de l'éducation. Celui qui ne prend pas conscience qu'un hôpital traite la douleur, la souffrance, la mort, ne comprendra rien au conflit des infirmières assumant des responsabilités écrasantes sans que leurs mérites soient reconnus. Les agents publics ont à la fois le sentiment d'être mal payés, mal gérés, déresponsabilisés et déconsidérés.

Les syndicats font, eux aussi, l'expérience de l'inadaptation. Moins touchés, certes, que les organisations de salariés du secteur privé par la décrue syndicale, ils ont reculé pourtant dans des proportions fortes. Le Syndicat national des instituteurs a perdu un tiers de ses adhérents en dix ans, le nombre des cotisants à l'Union générale des fonctionnaires CGT s'est affaibli davantage encore. Le malaise est particulièrement profond dans le secteur public parce que les contradictions auxquelles se heurte l'action syndicale, depuis la fin des années de haute croissance, y sont plus manifestes qu'ailleurs. Coexistent de manière explosive une structure en corps qui légitime les revendications catégorielles et des systèmes de globalisation (statut général, grille salariale) qui en interdisent la satisfaction dans une période de rigueur. Une vision large de l'action collective est concurrencée par une appréhension étroite des intérêts corporatistes. Les syndicats sont souvent débordés par les coordinations.

Reprendre l'initiative

La vague libérale des années 80 a mis le fonctionnement public en question. L'État est attaqué, non pas dans telle ou telle de ses modalités d'intervention, mais dans son essence. Le libéralisme propose une solution radicale à la crise des services publics, au malaise administratif : le nettoyage par le vide. Pourquoi, demandent les libéraux, faire financer par des fonds publics et gérer par des fonctionnaires sous statut, ou des quasi-fonctionnaires sous quasi-statut (Sécurité sociale), des activités que le marché peut assumer ? Crise de productivité des services publics ? Qu'à cela ne tienne : confions au marché le soin de prendre en charge ce qui est solvable. Tous ne le disent pas avec la même brutalité, mais la logique voudrait que tous le pensent avec la même clarté.

Devant cette offensive d'un genre nouveau, la gauche est restée un temps muette. Le vieux débat qui l'opposait à la droite ne portait pas en effet sur la gestion de l'État mais sur son utilisation aux fins de transformer la société. La vraie question qui séparait, à l'âge révolutionnaire dont le temps n'est pas si lointain, une droite bonapartiste et une gauche étatiste, ce n'était pas l'amélioration des conditions du service public mais la prise du pouvoir d'État. Bien sûr, la gauche était de tous les combats pour la protection des agents publics : statut général des fonctionnaires, étendu aux agents des collectivités locales avec la décentralisation, reconnaissance des droits d'expression des agents... Mais la gestion proprement dite de la puissance publique ne paraissait pas poser de problèmes majeurs. De sorte que le premier mouvement de la gauche devant l'offensive idéologique libérale a été défensif. Elle s'est laissée enfermer dans le débat stérile entre le plus et le moins d'État, entre l'État-minimum et le tout-État, entre la hausse ou la baisse des prélèvements obligatoires, apparaissant, en face d'une droite porteuse d'un projet, comme une force de simple conservation.

Et pourtant il suffit de se promener dans plusieurs métropoles de pays pourtant riches, d'y voir des quartiers entiers dévastés comme des banlieues du tiers-monde, des équipements collectifs à l'abandon, des milliers d'êtres humains en déshérence, entassés dans des logements insalubres, privés de protection sociale, il suffit de voir ces spectacles de misère pour comprendre les dégâts d'un recul systématique de l'État que souhaitent fondamentalement les libéraux. L'ordre économique actuel est générateur d'exclusions sans cesse plus nombreuses. Régions, individus, en sont les victimes. S'ils ne contribuent pas, ou pas assez à la croissance du profit ou de la science, on les écarte, on les exclut : plus rien ! Ceci est vrai dans le tiers-monde, j'y reviendrai ; le phénomène pèse aussi dans nos sociétés industrielles avec les conséquences lourdes qui en découlent partout où il y a désespérance et abandon. On critique volontiers l'État ! Mais quel rempart ont-ils tous ceux-là, quel autre rempart que les puissances publiques ? Seul celui qui est fort peut se permettre un État faible. Seul celui qui est riche peut se permettre un État pauvre.

Il est nécessaire pour la gauche de reprendre l'initiative et de proposer une voie crédible qui permette de concilier l'efficacité et l'équité. Autrement dit, s'agissant de l'État, préserver les missions de service public et rénover la gestion des administrations. Nous l'avons fait en France, notamment à partir de 1985 avec Pierre Joxe dans la police. Paul Quilès l'a entrepris avec succès sous le gouvernement actuel pour les PTT. Il faut que nous y parvenions avec Lionel Jospin dans l'éducation.

Cette défense et cette rénovation du service public, nous devrions les mettre en œuvre partout. Mais dans un domaine au moins, on doit pousser un cri d'alarme, car il est par sa puissance, économique, culturelle, idéologique, en plein cœur du futur, et que ce futur est inquiétant : l'audiovisuel. Tarte à la crème ? Peut-être, mais qu'on le veuille ou non, la télévision constitue aujourd'hui le plus important moyen d'information et de culture, la principale activité des Français après le travail et le sommeil, le visage même de notre société, l'image de nous que nous donnons à notre collectivité nationale et au monde. Aucun instrument ne peut créer un lien social aussi puissant que la télévision dans des communautés fractionnées comme les nôtres. La gauche politique longtemps n'y a pas compris grand-chose. Elle n'a pas compris que la télévision devait faire l'objet d'une réflexion de fond, autant que l'école ou l'économie. Elle limitait son intérêt, comme la droite d'ailleurs, à l'orientation des informations télévisées. Puis vint la période des réformes de structures, qui prirent parfois tournure de meccano. Pendant ce temps, l'essentiel, c'est-à-dire la création, la qualité, l'industrie des programmes, n'a pas avancé, quand cela n'a pas reculé. Impossible d'en rester là. Je ne souhaite pas brosser ici un tableau complet des réformes nécessaires. Juste souligner deux idées. La première, c'est que dans la démarche de la gauche, l'audiovisuel doit être avant tout un espace d'approfondissement des libertés (d'expression, de pensée, de création), et non d'asservissement des consciences. Le rôle du pouvoir politique est de garantir cet espace de liberté. Il ne doit donc pas l'accaparer lui-même mais il doit ne jamais non plus laisser s'installer quelque autre maître d'influence. L'apparition des chaînes privées a d'une certaine façon consacré le principe du pluralisme de la transmission audiovisuelle; elle ne constitue pourtant que le premier temps – ponctuel – d'une démarche dont le second – permanent – doit consister à garantir au téléspectateur la pluralité des styles télévisuels qui lui sont proposés, contre tout risque d'uniformisation et d'hégémonie. Autrefois, à l'issue d'une émission, l'intervenant demandait: « Ai-je été bon? » Aujourd'hui c'est: « Combien a-t-on fait? » Bien sûr, il est normal de se préoccuper de l'audience, mais désormais l'audimat dicte tout. En quinze ans, l'audiovisuel a assurément changé. On est passé – image concentrée de notre société – du tout-État au tout-Argent !

La deuxième idée, c'est que, précisément pour combattre cette tendance, le service public a une fonction majeure à remplir dans l'audiovisuel. Majeure et non pas honteuse : comme si l'État devait s'excuser et les professionnels avec lui qu'il existe un secteur public ! Au contraire. Revenons à quelques notions simples. Oui, l'État a un rôle à jouer dans un domaine où, face aux intérêts privés, il est seul à pouvoir faire prévaloir l'intérêt général. Oui, des missions aussi essentielles que l'éducation, la culture doivent être assumées par des entreprises qui n'ont pas pour seul objectif la rentabilité. Oui, notre approche des structures et des moyens doit découler de ces choix : le financement global de l'audiovisuel doit être plus important qu'aujourd'hui, la proportion entre le financement public et le financement privé doit être plus forte au sein du secteur public, ce qui ne veut pas dire qu'on supprime les ressources publicitaires mais qu'on les réduise en part relative. Sur ce dernier aspect, je suis choqué que parfois on oublie des notions simples et qu'on perde de vue les enjeux. Le budget de la télévision française toutes entreprises confondues (TF1, A2, FR3, La Sept, INA, SFP, etc.) représente une dizaine de milliards. Celui de l'Éducation nationale, 250 milliards ! Or nos enfants regardent chaque année la télévision plus longtemps qu'ils ne vont à l'école. Veut-on vraiment, oui ou non, que la France, l'Europe, bâtissent, nourrissent une civilisation, une culture, un projet de société ? Acceptons-nous, oui ou non, que demain les programmes soient américains, les téléviseurs japonais et nous européens, français, réduits à la stricte fonction de consommateur téléphage ? Voilà la question. La réponse de la gauche ne doit faire aucun doute. En particulier pour l'éducation et la formation. Il faut qu'on comprenne aujourd'hui, enfin, que ce temps est celui de Jules Ferry II.

La fausse querelle des prélèvements obligatoires

Tout cela demande évidemment des moyens, qui reposent souvent sur les budgets publics ou les dépenses sociales. Et c'est là où la querelle des prélèvements obligatoires sort de sa boîte, le type même du faux débat imaginé par certains idéologues du libéralisme pour déconsidérer la social-démocratie. On connaît la thèse : l'importance des prélèvements obligatoires paralyserait les économies fortement « socialisées », en surchargeant les entreprises. Et d'invoquer, à l'appui de leur affirmation, l'exemple des États-Unis ou du Japon, pays où la faiblesse des prélèvements obligatoires expliquerait le dynamisme de l'économie.

Le débat a beau souffrir d'une grande confusion, le concept de « prélèvements obligatoires » (impôts plus cotisations sociales) fait souvent mouche. Non pas peut-être auprès de la grande opinion. Mais auprès de toute une frange de celle-ci, en particulier les « décideurs ». Une économie est performante : c'est que les prélèvements obligatoires y sont faibles ! L'économie peine : c'est qu'ils sont trop élevés ! Le prélèvement obligatoire, voilà l'ennemi. Or sur le plan scientifique rien n'est plus flou : si les États-Unis, par exemple, ont un taux de prélèvements plus bas que le nôtre, c'est que la Sécurité sociale, qui chez nous est générale et obligatoire, est chez eux largement financée par l'assurance individuelle à laquelle en fait chacun doit souscrire s'il veut bénéficier d'une protection décente et s'il en a les moyens. Ce qui est obligatoire ici est réputé volontaire là-bas. Résultat : le taux des prélèvements est différent. Pas de quoi justifier une nouvelle croisade !

Allons plus loin. Si les prélèvements obligatoires étaient

par eux-mêmes une catastrophe, comment expliquer la santé de pays comme la Suède ou le Danemark, où ils dépassent la moitié de la richesse créée ? Comment expliquer que la montée des prélèvements obligatoires, dans tous les pays occidentaux, n'ait pas freiné, bien au contraire, la croissance économique, trois fois plus forte aujourd'hui qu'au XIXe siècle ? Comment expliquer qu'en dépit de prélèvements obligatoires élevés les entreprises françaises bénéficient – nul ne le conteste plus – d'un coût de main- d'œuvre plus faible que celui de la plupart de leurs concurrentes étrangères ?

Tout simplement, le raisonnement qui fonde cette théorie repose sur des bases fausses. Bien sûr, il n'est pas question de multiplier comme à plaisir les impôts et les charges : attention à ne pas décourager l'initiative ! Mais loin d'être gaspillées, les sommes ainsi prélevées sont en général aussitôt redistribuées (allocations familiales, indemnités de maladie ou de chômage, subventions à l'investissement, etc.) ou affectées à des missions essentielles pour la collectivité nationale : la sécurité des personnes et des biens, l'éducation, la recherche, la santé, les communications, le sport, la culture.

Sauf à démontrer – ce qu'ils ne font pas – que ces missions seraient mieux assurées ou à moindre coût par l'initiative privée, les partisans d'une forte réduction des prélèvements obligatoires devraient, s'ils étaient rigoureux dans leur raisonnement, préciser non seulement quels impôts ils veulent réduire mais aussi quelles dépenses ils veulent amputer. Le débat, alors, serait plus intéressant, il porterait sur le type de société souhaitée : plus ou moins de solidarité, plus ou moins d'égalité dans l'accès à l'enseignement et à la formation, plus ou moins de recherche scientifique, plus ou moins d'aide au tiers-monde. J'attire toutefois l'attention de nos théoriciens sur une récente étude des banques américaines : le retard de l'investissement public, notamment en matière de transports et de télécommunications, serait directement à l'origine de la perte de compétitivité des États-Unis. Cela devrait donner à méditer.

Un débat me semble, en revanche, plus pertinent : celui qui porte sur le taux « marginal » d'imposition, c'est-à-dire le taux d'impôt payé pour la partie du revenu la plus élevée. On connaît le vieil adage : trop d'impôt tue l'impôt. Un taux d'impôt excessif fait fondre la matière imposable en décourageant le travail et l'épargne et en encourageant la fraude ou l'évasion hors des frontières. C'est une question sur laquelle il faut être effectivement vigilant, plus que ne l'a été longtemps la gauche et en se plaçant délibérément dans le cadre d'une économie ouverte. De là certaines mesures récentes prises par Pierre Bérégovoy pour réduire la fiscalité de l'épargne et affronter ainsi, sans heurts, le marché unique des capitaux. Aucun socialiste n'en tirera argument pour renoncer à moderniser notre fiscalité. On sait qu'à l'inverse de l'impôt sur le revenu les cotisations sociales et la taxe d'habitation constituent des prélèvements dégressifs. D'où les réformes à mettre en œuvre pour rénover progressivement nos prélèvements locaux et sociaux. Bref, la gauche doit éviter deux écueils : tomber dans le panneau des pseudo-concepts, les prélèvements obligatoires notamment ; assommer le contribuable, particulier ou entreprise, à partir de visions simplistes.

É-vo-lu-er

Comme à l'égard des entreprises, il existe à l'égard de l'État une version dure du libéralisme. Il en existe aussi une version douce, dont l'idée centrale est qu'il faudrait gérer l'État comme les entreprises. Contresens ! Une entreprise se gère par l'aval : elle poursuit des résultats. Un chef d'entreprise, à la fin de l'année, regarde son bilan pour vérifier s'il est bénéficiaire et dans quelle proportion. L'État, lui, se gère par l'amont : il exécute un budget. Il ne se demande pas si la gestion du ministère de la Défense est ou non génératrice de profits. La Nation décide : elle souhaite de l'éducation, de la culture, de la santé, de la poste, de la sécurité. Elle est prête à y consacrer telle fraction du revenu national. L'État alors met en œuvre : il investit pour construire des équipements (directement ou à travers les collectivités locales), il salarie des fonctionnaires, il verse des subventions. Quoi de plus normal, dès lors qu'il a la vocation de traduire en actes la volonté générale telle qu'elle s'exprime dans la définition, par les représentants du peuple, de priorités politiques et d'un volume de crédits dans lequel elles doivent s'inscrire ? Cette volonté générale n'est pas capricieuse. Elle demande à l'État de faire ce que le marché ne prend pas ou prend mal en charge. L'entreprise répond à une demande solvable, à une logique de marché ; l'État à une demande sociale, qu'elle soit solvable ou non, et non à la logique du marché.

Sa gestion n'est pas fermée au souci de productivité mais, de cette nature particulière et de l'obligation où se trouve l'État d'observer certaines règles qui garantissent le citoyen, découlent des rigidités, parfois excessives, qui enserrent la gestion administrative. L'exemple des infirmières est éclairant. Qui décide de leur recrutement et de leur rémunération ? Le directeur de l'hôpital ? Le directeur départemental ou régional de l'action sanitaire et sociale ? Non : le ministère du Budget. Pourquoi ? Parce que le recrutement d'un agent public engage l'État au minimum pour trente-sept ans et demi. Peut-on laisser au directeur de l'hôpital le soin de recruter, alors que c'est l'ensemble de la Nation qui assumera dans l'avenir la charge de l'agent public embauché ? Il en est de même pour les rémunérations : la satisfaction des revendications salariales d'une catégorie doit être examinée à la lumière des équilibres généraux du Budget de l'État. Voilà la réalité.

La vraie question quc soulève l'évolution nécessaire de l'État doit être dès lors posée d'une manière simple : peut-on à la fois préserver une logique publique pour une part nécessairement centralisée, impersonnelle, et promouvoir une gestion publique déconcentrée, à dimension humaine ? Peut-on à la fois, pour le dire autrement, protéger l'équilibre budgétaire ou l'égal accès des citoyens au service public et concevoir une plus grande autonomie des services ? Ou encore l'égalité de traitement des agents publics et l'intéressement au travail ?

Je le crois. Je crois même que c'est la seule voie d'une évolution démocratique, respectueuse à la fois des grands principes du service public et d'une organisation plus riche pour les agents, donc plus productive pour la Nation. Et je pense que la gauche, qui croit à l'État mais ne croit plus à l'étatisme, est la mieux placée pour le faire.

Concrètement, qu'est-ce que cela signifie ? Ce n'est pas ici le lieu de décrire en détail un projet complet pour l'État. Je voudrais simplement insister sur quelques idées, en distinguant la gestion des structures administratives et celle des hommes.

S'agissant des structures, les références clés que je choisirai sont l'autonomie, la contractualisation, l'évaluation, la concertation.

L'autonomie : il est grand temps que les unités administratives de base – hôpitaux, académies, services extérieurs de l'État... – disposent d'une véritable autonomie de gestion, c'est-à-dire d'un budget global, à charge pour ceux qui en ont la responsabilité de les gérer et de rendre compte de leur gestion. Des efforts ont déjà été faits en ce sens : chaque hôpital reçoit une enveloppe totale répartie selon ses priorités. Le système peut et doit être amélioré, mais l'idée doit être prolongée. En revanche, un recteur continue de recevoir actuellement tant pour les « frais de mission », tant pour les « frais d'examen », etc. Peut-on véritablement attendre de lui qu'il gère une région scolaire alors que les moyens qui lui sont alloués sont rigidement affectés ? La gauche doit jouer la carte de la responsabilité. Cette autonomie ne peut être évidemment l'anarchie, car on sait bien – par exemple dans le domaine universitaire – à quoi celle-ci mènerait : le gaspillage (toutes les universités se mettant à développer la gamme complète des formations) et l'inégalité – les grandes universités de Paris ou des métropoles régionales attirant les meilleurs enseignants, les meilleurs étudiants et la majeure partie des financements. Le rôle régulateur de l'État est donc indispensable, il passe notamment par une carte universitaire digne de ce nom, afin d'éviter les redondances inutiles et coûteuses. Elle devrait être prolongée par des contrats d'objectifs avec les universités et servir de base aux financements d'État (postes budgétaires, investissements). Une évaluation régulière des universités est également nécessaire pour mesurer la pertinence de leurs choix en matière de formations proposées, d'investissements programmés. Enfin une volonté ferme doit être apportée pour corriger les inégalités entre universités et veiller, dans la répartition des postes et des subventions, à ce que les petites universités, souvent dans des régions pauvres ou périphériques, ne soient pas laissées pour compte par les grandes. Sur tous ces points, on ne peut se passer d'une régulation par l'État.

La *contractualisation* et l'*évaluation* : ce sont les contreparties de l'autonomie de gestion. Dès lors que les chefs de service ne sont plus de simples boîtes aux lettres qui reçoivent des budgets préventilés, il faut s'entendre sur les ambitions et évaluer *a posteriori* les résultats. Cela signifie que les objectifs des différents services soient explicités, négociés avec les agents du service en aval et avec l'administration centrale en amont, formalisés dans un contrat passé avec elle et dans un projet de service qui mobilise les fonctionnaires. Si un hôpital décide d'améliorer prioritairement son service d'urgences, que cela donne lieu à un projet auquel seront alloués des crédits spécifiques. Des expériences ont déjà été tentées qui vont dans ce sens. Elles méritent d'être généralisées. De même, les résultats obtenus par les services doivent être évalués de la manière la plus neutre, et les évaluations rendues publiques. Un hôpital, maître de ses choix et soucieux de diminuer ses coûts, n'en doit pas moins assurer sa mission de service public avec les contraintes qu'elle impose, notamment l'égal accès des usagers ou la qualité des soins. Libre de sa stratégie, il doit être en même temps soumis à un contrôle *a posteriori* qui évaluera les choix retenus, non pas dans une optique répressive, mais pour l'aider à y voir lui-même plus clair. Quel est le résultat d'une opération « rénovation du service d'urgences » menée par tel hôpital, en termes de gestion financière, d'amélioration des conditions de travail, d'amélioration des soins ? Quels sont les fruits de tel projet de service d'un lycée, voire d'une académie, qui décide de mettre l'accent sur la réduction de l'échec scolaire ? Encore faut-il que l'on se soit entendu avec les parties prenantes, en premier lieu avec les agents, sur les critères de l'évaluation. Cette fonction d'évaluation est au cœur d'un État moderne.

La *concertation* découle de ce que je viens de dire. Il faut bien du mépris envers les salariés et une méconnaissance de leur univers de travail pour croire qu'on peut imposer la modernisation par la force ou par la ruse. Les gains de productivité ne naissent pas spontanément de la déréglementation, du « dégraissage » systématique et de l'introduction de l'informatique ! Ils naissent de l'enrichissement des tâches et du partage des responsabilités, de la mobilisation des agents publics autour des objectifs d'amélioration du service rendu dans l'économie des moyens. L'exemple des établissements d'enseignement est significatif. L'élaboration d'un projet de service doit être l'occasion de former une véritable équipe pédagogique qui réfléchisse et agisse collectivement pour satisfaire les objectifs qu'elle s'est fixés. Cela veut dire que les agents et leurs organisations doivent être associés à la définition des missions, à la rénovation des méthodes, à la contractualisation des relations entre le centre et la périphérie du système administratif, à l'élaboration des critères d'évaluation. Un hôpital, une université, un lycée, une direction de l'équipement ou de l'agriculture ne se rénovent pas par la grâce d'un gestionnaire compétent installé au poste de décision, mais parce que tous ensemble les personnels réfléchissent aux objectifs à atteindre, aux contraintes à prendre en compte, aux progrès à effectuer. Si l'approfondissement de la démocratie est l'idéal et la méthode de la gauche, la modernisation de l'administration peut être de ce point de vue un formidable champ d'action.

Concertation, diront certains, très bien ! Mais les syndicats ne joueront pas le jeu. Et de prendre malicieusement l'exemple de l'école. « Croyez-vous vraiment qu'on puisse réformer l'Éducation nationale ? » Sous-entendu : l'existence d'un syndicalisme fort et d'un système de cogestion interdirait toute évolution. Surtout si cette évolution est pilotée par la gauche, puisqu'on sait que traditionnellement les enseignants constituent un noyau dur de son électorat. J'accepte l'objection et je veux y répondre. Oui, le milieu enseignant est plus syndicalisé que les autres univers professionnels : le taux d'adhésion aux organisations syndicales y est plus du double de la moyenne nationale. Oui, ce syndicalisme y est d'autant plus efficace qu'une seule organisation, même traversée de conflits intérieurs, domine très largement la scène. Oui, il existe des liaisons étroites entre le ministère de l'Éducation et la Fédération de l'Éducation nationale, de sorte que le terme de cogestion, s'il n'est pas juridiquement exact, n'est pas non plus infondé en fait. Est-ce un obstacle ? Le corporatisme dont on accuse les syndicats enseignants peut s'entendre d'une double manière : égoïsme catégoriel, mais aussi attachement aux valeurs nobles d'une corporation qui est le vecteur d'un républicanisme de progrès et incarne l'intérêt des élèves, le service public. Sans doute le premier sens n'est-il pas toujours absent et il est facteur de conservatisme ; le second est certainement vivace et il est facteur d'innovation. Le syndicalisme enseignant doit être considéré comme un partenaire majeur de la rénovation de l'école. Il a montré de nombreuses fois dans le passé qu'il était capable d'intégrer des critiques sur le contenu de l'enseignement ou ses modalités, d'accepter et de promouvoir la transformation des structures scolaires, de faire une place aux autres acteurs de la chose éducative. A condition évidemment qu'on trace pour l'école une perspective claire et ambitieuse. Aujourd'hui où l'école est à nouveau l'objet d'interrogations multiples et où le syndicalisme traverse sans doute la crise la plus grave de son histoire, la conjoncture est propice à une coopération de tous ceux qui aiment l'école de la République et en font vraiment la priorité du pays. Des États généraux de l'éducation en faveur de l'égalité ? Pourquoi pas, si c'est le moyen de faire le point sur les projets innovants et de remobiliser les enseignants autour d'une ambition nationale qui s'incarne dans autant de projets d'établissements déconcentrés !

Éloge de la décentralisation

Un État moderne, c'est aussi un État qui ose déléguer une part de ses missions aux pouvoirs décentralisés. Je me rappelle les anathèmes portés contre Gaston Defferre lorsqu'en 1981 il engagea le processus de décentralisation. Combien de jours et de nuits a-t-il passés au Parlement, à batailler contre des opposants acharnés à défendre le monopole de l'État, prompts à l'accuser de vouloir livrer l'intérêt général aux féodalités. Comme son œil pétillant et malicieux pourrait aujourd'hui s'allumer en lisant toutes ces professions de foi décentralisatrices ! Toujours plus de pouvoir aux élus, tel pourrait être le credo de ceux qui auparavant s'offusquaient qu'on pût reconnaître à ces mêmes élus le moindre sens de l'État ! Car la décentralisation fut d'abord un acte de confiance. Confiance dans l'aptitude des élus à prendre en main les affaires publiques, à exercer pleinement leur responsabilité, y compris pour des décisions aussi délicates que l'attribution d'une aide sociale ou la délivrance d'un permis de construire. Confiance dans leur capacité et celle de leurs collaborateurs à gérer avec rigueur les deniers publics. Confiance dans leur sagesse et dans leur sens du bien commun. Les résultats sont là qui expliquent le revirement des anciens opposants à la décentralisation, devenus soudain, ses propagandistes. Aujourd'hui, les élus locaux gèrent des sommes considérables : le total des budgets locaux dépasse la moitié du budget de l'État. Ils les gèrent avec dynamisme mais aussi avec prudence : les dépenses, qui autrefois galopaient, ne progressent plus qu'au rythme de la croissance économique ; les dettes se sont dégonflées ; même les impôts locaux ont ralenti leur irrésistible ascension. Pour une bonne part, ces résultats ont été obtenus grâce à l'autonomie de gestion dont ont bénéficié les fonctionnaires territoriaux, autonomie que leurs collègues de l'État leur envient. Elle leur a permis de faire preuve d'une remarquable capacité d'innovation.

Sans doute, dira-t-on, mais pour les citoyens, qu'est-ce que cela change ? La décentralisation, ce n'est toujours pas leur affaire. J'admets le reproche, il est en partie fondé. En partie seulement, parce qu'il n'est pas indifférent que les décisions soient prises par des élus, proches de leurs administrés et soumis à réélection, plutôt que par des autorités qui se retranchent derrière leurs circulaires. Mais c'est bien ce sentiment de relative indifférence qui justifie la nécessité aujourd'hui d'engager une nouvelle étape. Passer d'une décentralisation réservée aux élus à une décentralisation étendue aux citoyens, où ceux-ci auront vraiment leur mot à dire : en renforçant les droits des minorités au sein des assemblées locales et en donnant aux citoyens les moyens de s'informer par eux-mêmes sur la marche des affaires locales. L'autre aspect des changements nécessaires, c'est de faire émerger de véritables communautés, aussi bien dans les agglomérations urbaines qu'en zone rurale. Quand l'Europe se construit, nos communes, trop faiblement peuplées, ne peuvent plus rester isolées. Elles doivent élaborer des projets de développement solidaire, pour faire face à la concurrence que vont leur livrer les euro-cités. Pas question de brusquer les choses, et encore moins de porter atteinte au caractère volontaire de la coopération communale. Simplement, il nous faut faire prendre conscience de cette réalité : la France compte autant de communes que tous les autres pays d'Europe réunis ! Ce sera un handicap insurmontable si le Gaulois qui sommeille en chacun de nous préfère la zizanie à la coopération. Au contraire, si nous savons rassembler nos forces autour de projets communs, ce peut être une formidable chance.

Mobiliser les ressources humaines

S'agissant des ressources humaines, les idées maîtresses que la gauche doit mettre en œuvre s'appellent l'ouverture, la déconcentration, la formation et la responsabilisation.

La haute fonction publique est fermée sur elle-même. Elle est monopolisée par les administrateurs sortis de l'ENA ou de Polytechnique. De là une culture monochrome, préjudiciable à l'appréhension d'une réalité économique et sociale de plus en plus complexe. Depuis dix ans, nous n'avons pas vraiment réussi à modifier le recrutement des « élites dirigeantes ». Je ressens cela comme un vif échec. Comment agir autrement ? En accroissant la promotion interne et la mobilité. Les agents qui ne sont pas issus des grandes écoles d'application devraient pouvoir franchir de manière accélérée les étapes pour accéder à des postes de responsabilité. Les flux entre le privé et le public, ou entre l'Université et l'administration doivent être développés. « Très bien, mais quelle pourra être pour un cadre du privé l'incitation à venir dans le secteur public s'il subit une nette perte de pouvoir d'achat ? » Il n'y a pas de fatalité à ce décrochage. Pour l'heure il est vrai qu'en ce qui concerne l'encadrement la fonction publique rémunère moins bien que l'entreprise. La modernisation a précisément pour ambition de dégager des gains de productivité qui pourront être répartis entre les salariés. Ce n'est pas seulement affaire de justice, c'est aussi gage d'efficacité : si les inspecteurs du travail fuient vers la gestion des ressources humaines dans les entreprises privées, c'est sans doute fort utile pour celles-ci ; mais dans le même temps cela dévitalise une fonction essentielle pour la Nation, la surveillance de l'application du droit social. La revalorisation salariale, aux différents échelons, dès lors qu'elle est liée à une modernisation en profondeur de l'administration, est donc de première nécessité. Sans elle, rien ne sera possible. Tout en précisant que la rémunération n'est pas tout, de l'aveu même des intéressés. Dans bien des communes, l'hôpital public est le premier employeur ; si son responsable dispose d'une véritable latitude de gestion, s'il peut définir avec les agents un projet pour diminuer les coûts de fonctionnement et améliorer la qualité du service rendu, bref, s'il est en mesure de véritablement gérer, l'intérêt de la tâche peut compenser une moindre rémunération. A condition cependant que celle-ci ne soit pas dérisoire par rapport au secteur privé.

La *déconcentration* constitue le complément de l'ouverture indispensable. Question : peut-on véritablement gérer cent mille enseignants à partir d'un seul bureau parisien ? Réponse : évidemment, non ! Déconcentrer la gestion des ressources humaines suppose d'abord qu'on simplifie. Aujourd'hui la fonction publique d'État compte plus de mille corps différents. Cette hyper-segmentation recoupe les séparations entre métiers ou entre administrations centrales et services extérieurs. Réduire ce nombre est nécessaire. Et déconcentrer ce qui peut l'être tout en maintenant les garanties du statut général : régionalisation des concours de recrutement lorsque c'est possible, régionalisation de la gestion des personnels. Pourquoi ne pas déconcentrer aussi une partie de la négociation salariale au niveau de l'unité administrative de base ? Il ne s'agit pas de toucher à la notion même de grille salariale, qui est une garantie d'égalité de traitement entre des agents de l'État placés dans une situation semblable. Quelle grande entreprise n'a pas sa grille ! Mais l'ensemble de la rémunération doit-il relever d'une grille nationale ? La négociation salariale dans la fonction publique concerne aujourd'hui directement plus de quatre millions et demi de fonctionnaires. Une des voies de l'association des salariés à l'action publique pourrait être la décentralisation d'une partie des négociations, sous réserve de se prémunir contre l'arbitraire et d'interdire qu'un fossé se creuse entre des agents remplissant les mêmes fonctions en des lieux différents. Cette déconcentration est aussi le moyen de redonner aux syndicats une place à l'échelon local qu'ils ont perdue.

La déconcentration n'a de sens que si elle s'accompagne d'une véritable gestion des ressources humaines. Longtemps la croissance des emplois publics a tenu lieu de politique du personnel. Les déroulements de carrière étaient facilités par une pyramide des effectifs particulièrement jeune. L'éducation connut son heure glorieuse où l'on était nommé au bout de deux ou trois ans dans le lycée de son choix. Tel n'est plus le cas. Et le sentiment d'appartenir à une mécanique bureaucratisée est sans doute l'élément le plus démotivant pour les agents. Absence de débouchés pour un corps – dans l'éducation un capésien peut devenir agrégé, mais quelles perspectives pour une infirmière ? –, avancement au « tour de bête », impossible satisfaction des demandes de rapprochement géographique – enseignants, postiers… –, inadéquation entre la compétence ou le goût des agents et le poste proposé, je pourrais multiplier les exemples. Le moyen d'y remédier, c'est là aussi de revaloriser la fonction « personnel », de la doter des moyens permettant une véritable gestion prévisionnelle des effectifs et des postes, une recherche de la concordance poste/personne, une stratégie de formation. Est-il fatal que les jeunes enseignants originaires de Nice exercent à Maubeuge, et les postiers bretons à Paris ? Est-il impératif d'affecter aux affaires budgétaires, dans les administrations, les agents qui ont le goût du droit ? Le statut général n'est pas un obstacle à une gestion plus efficace des agents et à une meilleure prise en compte de leurs potentiels et de leurs souhaits. Le statut est le plus souvent l'alibi de l'immobilisme, alors qu'il pourrait être un levier pour la mobilité géographique, fonctionnelle, sociale.

Aucun de ces changements ne sera possible sans un effort massif de *formation*. L'État fait beaucoup. 5,5 % de la masse salariale lui sont consacrés. Mais fait-il bien ? Pour améliorer les dispositifs, nous avons besoin d'abord d'une formation orientée vers la promotion. C'est-à-dire une formation moins académique, plus accessible pour les agents entrés précocement dans la fonction publique ou qui n'ont pas de bagage universitaire mais qui ont une expérience, un savoir-faire que les systèmes de filtres de promotion et les dispositifs de formation qui leur sont liés doivent valoriser. Le concours est l'instrument de sélection démocratique par excellence. C'est aussi un formidable moyen de reproduction. Est-il sûr qu'il faille, comme aujourd'hui, subir des épreuves universitaires de droit pour passer du statut de commis à celui de secrétaire administratif dans une préfecture ? Réfléchissons à la manière dont on fixe les programmes, dont on compose les jurys, dont on organise les préparations, et tâchons véritablement de démocratiser ces mécanismes : on aura déjà beaucoup fait pour l'utilisation par l'administration des gisements d'intelligence qu'elle recèle et trop souvent néglige. La formation doit concerner aussi l'emploi. La prise de poste doit être l'occasion d'une requalification. Un peu comme le passage à l'hôpital, fût-ce pour une cause bénigne, est l'occasion d'un « check-up », pourquoi ne pas appliquer une règle simple : du haut au bas de l'administration, du directeur d'administration centrale au commis, pas de prise de poste sans bilan-formation ? Vous allez devenir infirmière-chef ? Profitons-en pour faire le point sur votre formation, la compléter, l'enrichir. Tel attaché va prendre la direction des affaires économiques de telle préfecture : quelle est sa connaissance des mécanismes de l'entreprise, sa formation à la gestion des hommes ? La formation doit préparer au changement. Elle doit procéder par touches successives, par expérience pilote, par chantiers. Là aussi on peut retenir une règle simple : pas d'administration en mouvement sans « audit » préalable des acquis et sans plan de formation, non seulement au métier, mais aussi au changement lui-même et aux techniques de changement – gestion des ressources humaines, contrôle de gestion... Le savoir-faire en matière de modernisation doit être également partagé.

Quel est aujourd'hui le reproche essentiel qu'on peut faire à l'administration ? C'est qu'elle ressemble à une colonne de distillation dans laquelle la responsabilité, à force de remonter au sommet, s'évapore. Résultat : les décisions sont souvent mal prises parce qu'elles sont prises trop loin du terrain et les agents, que, de manière significative, l'on dit d'« exécution », sont démotivés. Symétriquement, la décision prise au sommet s'évapore avant d'atteindre la base. C'est cette logique qu'il faut changer, en finir avec la parcellisation des tâches et la centralisation des décisions qui sont à l'administration ce que le taylorisme est à l'entreprise, fixer comme contrepartie à l'enrichissement des postes l'évaluation des agents. Les cadres dirigeants qui doivent être recrutés sur des critères de compétence professionnelle, qui doivent disposer d'une véritable marge de manœuvre, doivent eux aussi être évalués et leurs performances sanctionnées. Il ne s'agit pas de promouvoir la « note de gueule ». Mais on ne peut pas accepter non plus l'opacité. La satisfaction des usagers, pas plus que celle des agents, ne saurait s'en accommoder. Il est impératif d'évaluer individuellement l'action des fonctionnaires, sous réserve que les objectifs à atteindre auront été définis de concert avec eux et qu'ils auront été partie prenante à la définition des critères d'évaluation.

L'évaluation doit jouer un rôle essentiel dans le profil de

carrière ; elle doit également intervenir dans la rémunération. Simplement il faut entourer cette perspective de précautions qui ne relèvent pas du luxe. Rémunération « au mérite » : l'expression est taboue. Comment ne le serait-elle pas ? Qui va évaluer le mérite d'un cheminot dans une Société des chemins de fer dont la gestion des personnels est caporalisée ? Comment distinguer en toute équité deux professeurs de lettres dont l'un enseigne dans la banlieue ouvrière de Rouen et l'autre dans un lycée chic du VIe arrondissement de Paris ? On doit pouvoir retenir quelques principes de bon sens. L'évaluation doit porter à la fois sur les performances et sur les potentialités : elle ne cherche pas la sanction, mais l'adéquation poste/personne. Le lien établi entre les résultats de l'évaluation et les mesures individuelles touchant l'agent évalué doit être mesuré avec soin. C'est vrai notamment de l'incidence sur le traitement : pas de modulation de la rémunération sans modernisation préalable des méthodes de travail ; pas de modulation individuelle, mais des modulations par équipe dont la cohésion s'est établie sur un projet ; pas de modulation sans concertation sur les règles de l'évaluation. Le cas de l'éducation est là encore significatif : au lieu des notations archaïques, évaluons les établissements en prenant en considération le cadre dans lequel ils s'inscrivent, évaluons les enseignants à la lumière des objectifs que l'établissement s'est donnés. Cessons de penser en termes de sanctions pour réfléchir en termes d'incitation, cessons de penser en termes purement individuels pour réfléchir en termes d'équipes soudées. Moyennant quoi, les procédures de modernisation de la gestion des personnels seront à l'avantage mutuel de l'administration et des agents. Les fonctionnaires français ont tout à gagner à l'enrichissement des tâches. Mais il faut que leur cadre d'exercice leur donne les moyens d'exprimer mieux encore leurs qualités : *responsabilisation* !

Laïcité

Quel que soit le secteur examiné, les conclusions sont les mêmes : aucune administration ne doit échapper au mouvement de mobilisation des ressources humaines par le partage des responsabilités. Si on croit au rôle régulateur de l'État, en période d'arbitrage difficile des ressources nationales on doit rénover la puissance publique pour la préserver. Entre l'État minimum générateur d'inégalités voulues et le statu-quo générateur d'inégalités subies, il y a place pour une réforme de l'État. Celle-ci est une bonne façon de redonner à la décision politique – aujourd'hui souvent noyée dans la gestion au jour le jour – son sens, c'est-à-dire le soin de résister aux féodalités pour fixer conformément à l'intérêt général les grandes orientations. Financières, médiatiques, locales, les féodalités de toutes sortes risquent de devenir, deviennent de plus en plus puissantes en France. Pour défendre l'individu, redresser les injustices, assurer l'équilibre, il faut des contre-pouvoirs. L'État est aujourd'hui le mieux placé pour remplir ce rôle, à condition qu'il n'envahisse pas lui-même tout et sache corriger ses propres défauts. La gauche a cessé d'être étatiste, mais elle croit à l'État. Par son action, elle doit faire partager sa confiance.

Cette confiance reposera notamment sur un fait qui pour moi est capital : que l'État respecte et incarne la laïcité. Contrairement à ce qu'on voudrait ici ou là nous faire croire, la laïcité n'est pas une vieille nippe, ressortie pour cause de carences idéologiques des armoires de la IIIe République. La laïcité est parfaitement actuelle. Elle conditionne l'égalité des chances et le respect des consciences. Comment assurer l'intégration des immigrés dans notre société si l'État prend parti pour ou contre telle ou telle religion ? Comment éviter une nouvelle « affaire des foulards » et les déchaînements, les déchirements de 1989, si on ne proclame pas, si on n'applique pas une laïcité stricte ? « Stricte » n'a jamais voulu dire sectaire. La laïcité est le contraire du sectarisme. Nous n'avons pas à choisir, comme je l'ai parfois entendu, entre laïcité et tolérance. C'est la laïcité elle-même qui garantit la tolérance. Par définition, elle est la même pour tous. Elle n'a pas à avantager une confession, un dogme par rapport à un autre ou par rapport à leur absence. A l'école d'enseigner scrupuleusement cette laïcité, à l'État de la faire respecter, à chacun de le comprendre. Et à la gauche, au moment où les risques de tensions ethniques, confessionnelles, culturelles rendent plus vitale que jamais cette valeur de la République, d'en être le fidèle messager et le soutien sans aucune faille.

CHAPITRE IV

Écodéveloppement

« Atmosphère et climat : comprendre pour agir ». En mars 1989, j'organisai sur ce thème un colloque à l'Assemblée nationale, avec le concours de cinq cents spécialistes mondiaux. Aux élections municipales, deux semaines plus tard, les « Verts » faisaient une percée remarquée.

« A force de sonner le tocsin pour la couche d'ozone et de tresser des couronnes aux écologistes, nous avons convaincu une partie de nos électeurs de voter pour ces marginaux », protestaient quelques esprits grincheux. Y penser parfois, n'en parler jamais, telle devrait donc être l'attitude de la gauche en matière d'écologie ? On me permettra de n'être pas d'accord. Notre colloque de mars, les initiatives du gouvernement qui l'ont précédé ou suivi sont sans doute venus bien tard, ils n'étaient certainement pas inopportuns, bien au contraire.

Marginale, l'écologie ? Elle est centrale. Centrale par la problématique qu'elle exprime : pour la première fois dans l'histoire de la planète, l'homme peut rompre durablement les cycles de la vie, casser les régulations existantes, démolir ce qui l'entoure et lui-même avec, bref détruire l'humanité. Refuser ce danger-là, rien n'est plus important. C'est pourquoi je me méfie du mot « environnement » parce qu'il porte en lui – au-delà de sa facilité immédiate – une conception fausse et dangereuse de nos rapports avec le monde. « Environnement », cela voudrait dire que la nature est périphérique, marginale, que l'homme est au centre de tout. La réalité est inverse : nous sommes un élément de cette nature, qui nous englobe. Ce n'est pas un débat sémantique, c'est une différence essentielle. Comme l'analyse le philosophe Michel Serres, le contrat fondateur n'est pas passé seulement par les hommes entre eux, il doit avoir la nature pour partenaire, il n'est pas seulement social, il doit être aussi « contrat naturel ».

Marginaux, les écologistes ? Les partis politiques traditionnels feraient mieux d'y réfléchir attentivement. Lorsque cette prétendue « marge » soulève des questions vitales, lorsqu'elle mobilise l'intérêt, la passion des jeunes, lorsqu'elle aborde à la fois les problèmes les plus quotidiens (l'air que je respire, l'eau que je bois, le logement que j'habite, la campagne qui devient un désert, le bruit qui m'agresse...) et les interrogations les plus fondamentales – celles du sens –, lorsqu'elle représente en termes électoraux autant et parfois plus que des formations installées, on est en droit de se demander ce qui est vraiment marginal et ce qui ne l'est pas. Si les formations traditionnelles ne traitent pas sérieusement les interrogations de fond que suscite l'écologie, ce sont elles, rapidement, qui se retrouveront marginales. D'un point de vue électoraliste, l'attitude des socialistes qui voient rouge dès qu'ils entendent parler vert est peut-être compréhensible. Mais elle est indéfendable. J'ai souvent affirmé que le PS devait devenir ou plutôt redevenir le premier parti écologiste de France. Des commentateurs bien intentionnés ont voulu y voir le comportement récupérateur d'un parti attrape-tout. Ils se trompent. Entre socialisme et écologie il n'y a pas opposition, mais complémentarité.

Je sais bien que la mouvance écologiste est hétérogène. Il y a des écologistes réactionnaires, nostalgiques d'un passé préindustriel idéalisé. Il y a des illuminés, prophètes d'une nouvelle Jérusalem terrestre, ceux qu'on appelle les « fundis » en Allemagne. Mais il y a aussi des défenseurs pragmatiques de la nature, nullement fâchés avec la société industrielle, pourvu qu'elle s'impose le respect de certaines règles ; et les « alternatifs », enfin, qui réinvestissent dans l'écologie la critique de la société de consommation et d'aliénation en vogue au lendemain de Mai 68 : avec ces écologismes-là le socialisme a plus que des affinités.

Socialisme et écologie

Qu'est-ce que le socialisme, en effet, sinon le mouvement de protestation et de lutte contre la situation que le capitalisme libéral réserve aux hommes et à la nature ? Qu'est-il sinon le refus de cette inversion des fins et des moyens, qui fait que l'Économie – la production, l'investissement, l'exportation, la compétitivité – est devenue une fin en soi, à laquelle le reste est subordonné et sacrifié : la qualité de la vie, la cohésion de la société, mais aussi la nature. L'idée-force de la gauche, on l'a vu, c'est que laissée à elle-même, la régulation par le marché – qui ne prend en compte ni la nature, ni les générations futures, ni une partie importante (et pauvre) de l'humanité – ne produit pas, contrairement à ce que pensent les libéraux, l'optimum économique, mais détruit l'écosystème, désagrège le lien social, porte atteinte à l'intégrité de la personne humaine.

Parce qu'il est historiquement l'expression politique de la classe ouvrière, des salariés, des exploités, le socialisme ne s'est longtemps attaqué qu'à certaines conséquences du « laisser faire, laisser passer ». Dans les premières phases de l'industrialisation, la nocivité du système s'appelait : salaires de famine, exploitation des femmes et des enfants, insécurité générale face aux accidents, à la maladie, au chômage, à la vieillesse, toute-puissance patronale, alcoolisme, délinquance, brève espérance de vie... Engels pour l'Angleterre, Villermé pour la France ont décrit l'émergence d'une nouvelle race de citoyens dans les faubourgs des villes, malingres, dépenaillés, mal nourris, hagards : les prolétaires modernes. Le socialisme est né comme mouvement d'autodéfense des ouvriers contre ces dégradations insupportables.

La protection du cadre de vie ne lui était pas indifférente, loin de là, comme l'attestent les programmes et les réalisations des premières municipalités ouvrières. Mais elle s'intégrait à une lutte d'ensemble pour la satisfaction des besoins élémentaires des salariés : alimentation, hygiène et sécurité, logement, équipements collectifs, activités sportives, loisirs. C'est le gouvernement de Léon Blum, ne l'oublions pas, qui a institué les congés payés et permis aux travailleurs des villes de rencontrer la nature. L'image des couples d'ouvriers roulant en tandem dans les campagnes, celle des foules de banlieusards découvrant l'océan restent liées à l'épopée du Front populaire. Dans ma région, en Haute Normandie, dans mon département de Seine-Maritime, ce sont des municipalités de gauche qui ont le plus souvent créé les « jardins ouvriers », ces petits bouts de terre soignés avec amour qui permettent à des familles modestes de cultiver quelques légumes et quelques fleurs, d'améliorer ainsi un peu l'ordinaire et de garder un contact avec la nature.

Au terme de deux siècles de luttes et de conquêtes, la condition ouvrière a été transformée. De parias corvéables à merci, dénués de tout droit et campant aux portes de la cité, les salariés sont devenus des citoyens à part entière. L'État-providence s'est substitué à l'État-gendarme. Simultanément, la capacité productive de l'humanité – et aussi sa capacité de détruire et de polluer – a connu un essor prodigieux. La défense de la nature a gagné en acuité et en urgence. Dans les pays développés, elle tend de plus en plus à passer au premier plan. La volonté de transformation que porte en lui le socialisme n'a pas abandonné les terrains originels, cette volonté s'est confortée, élargie, parfois déplacée sur de nouveaux terrains que l'écologie exprime.

Prioritairement préoccupés par l'amélioration du sort des plus démunis, les socialistes n'ont pas encore pris la tête de cette nouvelle croisade. Un espace s'est constitué qu'ont occupé les groupes écologistes. A la gauche de réagir rapidement. Deux faits nouveaux, en outre, obligent les socialistes à prendre conscience de l'importance de l'écologie, à la redécouvrir, retrouvant ainsi les racines de leur engagement. Les catastrophes, pétroliers fracassés, forêts ravagées, fleuves assassinés : le spectaculaire, l'exceptionnel a sonné l'alarme... même si le moins spectaculaire est probablement le plus déterminant, accroissement démographique, effet de serre, amoncellement de déchets, désertification des campagnes, etc. Et puis la préoccupation écologique, jusqu'ici limitée à des aspects particuliers, est devenue transversale. Ce qui est alors en cause, ce n'est pas seulement un risque spécifique de pollution, mais les rapports entre les pouvoirs, les hommes, les régions, les nations, une certaine approche de la démocratie et du système industriel, tout un mode de développement. Comment la gauche – dans la mesure même où elle se préoccupe d'organiser à long terme la société pour améliorer la situation de la personne humaine – n'aborderait-elle pas de front ces questions ?

D'ailleurs, la révolution démocratique de l'Est a parfois commencé par l'écologie. Les mouvements écologiques qui se sont levés en Hongrie, en Tchécoslovaquie, en Pologne, en Allemagne orientale, où les problèmes de pollution sont graves, ont débouché sur une prise de conscience politique plus vaste, sur la nécessité de changer radicalement le système en place. Je puis témoigner, par les conversations que j'ai eues avec lui, que l'analyse de Mikhaïl Gorbatchev à propos des réformes indispensables en URSS n'a pas été la même avant et après l'explosion de la centrale nucléaire de Tchernobyl. Avant, il insistait sur la nécessité pour la population de travailler davantage, à partir d'un certain nombre d'adaptations. Après, lorsque Tchernobyl eut démontré que la prétendue avant-garde de la technologie soviétique était un échec, que cet échec dramatique venait de la bureaucratie elle-même, qu'il pouvait non seulement déconsidérer le pays tout entier mais massivement tuer, après donc, le langage de Gorbatchev fut différent : c'est le système dans son ensemble qui doit être transformé et non amendé. Si le communisme bureaucratique produit ou permet Tchernobyl, alors c'est lui qu'il faut chasser.

J'ajoute – en changeant de registre – qu'un autre fait oblige les socialistes français, en tout état de cause, à tenir étroitement compte de l'écologie : la compétition électorale. Car la montée des Verts s'est réalisée pour une large part au détriment du PS et elle menace aujourd'hui son implantation. Avec une dizaine d'années de retard sur leurs homologues allemands, les Verts ont réalisé aux élections municipales de mars 1989, puis aux européennes de juin, une percée spectaculaire. Malgré les problèmes internes à tout parti qui dit ne pas vouloir être un parti, à tout mouvement qui prétend refuser le clivage droite-gauche dans un système de scrutin majoritaire, ils gardent le vent en poupe : ce phénomène est devenu si général qu'il entraînera de grandes conséquences.

Or la défense de l'homme contre l'exploitation et l'oppression, et celle de la nature, du cadre de vie, contre les dégradations d'un certain productivisme, constituent les deux fronts d'un même combat. Sans dégarnir si peu que ce soit le premier, la gauche, les syndicats doivent massivement investir le second, rattraper le retard accumulé sur le terrain de la lutte écologique. Il y a là un champ de revendications et d'action de la plus haute importance.

Poser la question sociale aux écologistes

Sur l'hétérogénéité du vote vert, tout a été dit : une partie de l'électorat vert se déclare avant tout proche du PS – enseignants, fonctionnaires, ouvriers ; une partie plus vaste s'affirme avant tout écologiste ; la dernière partie provient de la droite. Cette hétérogénéité est-elle une faiblesse, le signe que le phénomène vert est un effet de mode, une réaction transitoire contre le profil bas adopté depuis quelque temps déjà par les grands partis politiques, contre l'absence de projet mobilisateur ? Ou bien indique-t-elle l'émergence d'une nouvelle force permanente sur la scène politique française et européenne ?

Longtemps je me suis demandé si la gauche, très inventive en matière d'organisations politiques, n'avait pas épuisé son génie créateur sous la IIIe République : en un demi-siècle, elle a successivement engendré le Parti radical, le Parti radical-socialiste, puis, en 1905, le parti socialiste SFIO et, en 1920, le Parti communiste. Soudainement, sauf de très petites formations, plus rien. La famille radicale est aujourd'hui plus que centenaire, le PS sous ses multiples avatars est octogénaire, le PCF septuagénaire... Est-il possible que le Parti communiste – formation en effet d'un type tout à fait spécial – soit la dernière création partisane du génie politique français et européen ? De nouvelles formations politiques, aussi originales par leur idéologie, leur programme, leurs pratiques, leur mode d'organisation que l'étaient les Partis socialiste et communiste au début du XXe siècle, ne sont-elles pas appelées à surgir au début du XXIe siècle, précisément à partir de la mouvance écologiste ? Bref, l'arc politique dans les pays développés va-t-il s'enrichir d'un nouvel acteur permanent, d'un nouveau parti ? On serait tenté de le croire, à voir l'appétit avec lequel certains écologistes délimitent et veulent fortifier leur pré carré.

Je réponds : cela dépend beaucoup de nous, socialistes.

Nous devons d'abord bien nous convaincre et convaincre autour de nous que la défense de l'écosystème constitue une préoccupation essentielle qui interpellera sans cesse davantage tous les partis politiques, mais qui peut difficilement constituer à elle seule et par elle-même la matrice d'un nouveau parti. Et cela pour des raisons faciles à comprendre.

Les atteintes à la nature et au cadre de vie ne sont ni une donnée du malheur ni l'effet de l'inconscience, de la cupidité ou de la noirceur des hommes. Autant que le collectivisme à l'Est, et aussi sauvage que lui, le capitalisme libéral porte une lourde part de responsabilité. Ses entrepreneurs et ses économistes ne se sont pas souciés jusqu'ici d'inclure dans le prix des produits et des services le coût des destructions que leur production engendre, de façon à éviter au maximum ces destructions elles-mêmes. La rationalité qu'ils reconnaissent est micro-économique : le coût de production des marchandises est calculé au niveau de chaque entreprise, et non au niveau de la société. Si bien que les coûts des infrastructures et des pollutions – ce que les experts appellent les « externalités » – n'entrent pas en ligne de compte et se trouvent rejetés sur la société. La pollution de l'air, l'engorgement des villes, le coût des infrastructures ne sont pas comptabilisés dans le prix de revient d'une automobile. La mort de certains villages, la disparition de petits « pays » et de ceux qui les faisaient vivre, le déséquilibre du territoire et ses conséquences de toute nature ne sont pas inclus dans le bilan d'une politique agricole. Pas plus que, sur un autre plan, lorsqu'une nation exporte des ressources naturelles, la perte de celles-ci n'est enregistrée : seule est comptabilisée, en positif, l'exportation. Dans ces conditions, la course au profit maximal est formidablement destructrice des ressources naturelles et du cadre de vie.

La gauche doit réagir contre cette vision à court terme, elle doit à la fois aider les actions concrètes, immédiates, et nourrir les idées concernant le long terme. La montée brutale des pollutions pose le problème d'une « production propre », aussi peu polluante que possible. La définir, la faire respecter, c'est l'affaire du législateur, de l'administration, de la justice et aussi des syndicats de salariés et d'employeurs, des associations de défense de l'environnement. Les décisions doivent être locales, mais aussi nationales et souvent internationales : les postes de douane n'ont qu'une efficacité relative contre les molécules de CO_2... Après chaque catastrophe, la législation nationale et internationale progresse : il y a eu les conventions Marpol en 1973 après la marée noire dans la Manche, la directive Seveso, le protocole de Montréal tout récemment, qui prévoit de réduire de moitié en dix ans la production des CFC, ces gaz dangereux pour la couche d'ozone. Il va falloir compléter et durcir la législation, la faire mieux connaître et appliquer, accentuer l'effort de recherche, recruter un corps nombreux et bien formé de contrôleurs. L'Europe doit montrer le chemin : le budget communautaire consacre aujourd'hui 0,05 % de ses dépenses à l'environnement !... Pourquoi ne mettrait-on pas en chantier un traité européen sur l'environnement, valorisant le cadre de vie, la santé, les consommateurs et nous aidant à fixer un niveau élevé de protection ? N'est-il pas temps de réorienter notre politique agricole en y intégrant des préoccupations d'équilibre du territoire, d'aménagement rural, de mise en valeur de la nature, au-delà des seules exigences de la productivité ? Pourquoi ne présenterait-on pas chaque année au Parlement français, plutôt que le seul rapport économique et financier accompagnant le projet de loi de finances, un « rapport économique, social et écologique » à l'appui du budget ? La gauche doit être à l'avant-garde dans ces domaines et promouvoir une action et une organisation internationales : la conférence de La Haye, en 1989, où François Mitterrand et Michel Rocard ont joué un rôle important, doit voir ses résolutions traduites dans les faits.

Réglementation et législation ne sont qu'une partie de la solution. On impose le pot catalytique en Allemagne, pas la limitation de vitesse sur les autoroutes. On continue (en Europe plus qu'en France) à utiliser massivement le charbon comme source d'énergie, alors qu'on sait que sa combustion émet plus de gaz carbonique dans l'atmosphère que toutes les automobiles réunies. On multiplie – avec raison – certaines protections dans les pays riches, mais les pays pauvres, responsables aujourd'hui de moins d'un tiers des émissions de CO_2, en produiront dans trente-cinq ans plus des deux tiers sans qu'on sache clairement comment dissocier d'ici là pour eux développement et pollution. Il faudra bien en venir à mettre en cause notre modèle de développement lui-même, chercher à construire un mode nouveau, moins soumis à l'économie, moins obsédé de profit à court terme, de production, de consommation, d'accumulation ; plus soucieux de réalisation, de création, d'équilibre, de solidarité, d'accomplissement de soi, valorisant le temps que l'on consacre aux activités autonomes, qui ont un sens en elles-mêmes – culture, formation, loisirs, communication, convivialité –, plutôt qu'au seul « labeur », au travail qu'on échange contre un salaire. La qualité de la vie, et pas seulement la course au niveau de vie. Le terme d'« écodéveloppement » (économie et écologie mêlées) convient bien à cet objectif.

Le réflexe écologique doit venir en particulier des principaux agents de développement eux-mêmes, les entreprises. En France, ce n'est pas encore le cas. L'outil fiscal doit être utilisé en ce sens. A la gauche de prendre l'initiative d'un réexamen des impôts au bénéfice d'une véritable fiscalité écologique ! Nos impôts – et nos cotisations sociales – ont été conçus à une époque où ne se posaient ni le problème du chômage ni celui de l'environnement. Ils ne sont plus adaptés aujourd'hui. La première mesure nouvelle devrait être un crédit d'impôt écologique, c'est-à-dire un allégement fiscal pour les entreprises qui investissent afin de réduire la pollution. D'autres dispositions puissantes, novatrices devront intervenir. C'est en intégrant la préoccupation écologique au mécanisme de production lui-même qu'on progressera. Cela coûtera des emplois, cela créera des emplois. Il existe un champ immense pour les éco-activités.

C'est dire qu'on ne peut lutter contre le saccage de l'écosystème seulement par des discours moralisateurs, des cortèges fleuris ou des concerts pop. Après la dénonciation des effets, il faudra bien s'attaquer aux causes. Très vite, les écologistes vont devoir proposer leurs solutions aux problèmes qu'à juste titre ils soulèvent : comment éviter la destruction rapide et massive de ressources non reproductibles ? Comment réduire et éliminer les pollutions de l'air, de l'eau, les déchets, la laideur des banlieues, la gamme sans cesse renouvelée des nuisances ? Comment atteindre ces objectifs dans une économie de libre concurrence, où chaque firme cherche à serrer ses coûts, maximiser ses profits, accroître ses parts de marché ?

Pour l'instant, les Verts apportent souvent des réponses évanescentes à ces questions. Ils en sont souvent à la phase protestataire, négative de leur mouvement. Lorsqu'ils en viendront à la phase positive, programmatique – et nous, socialistes, devons faire ce qui est en notre pouvoir pour hâter ce moment –, il leur faudra répondre quant au mode d'organisation de l'économie et de la société, au type de civilisation les mieux à même de préserver la nature et le cadre de vie. Je ne doute pas, alors, qu'une majorité d'entre eux ne retrouvent des analyses et des propositions qui nous sont chères en les enrichissant souvent : économie mixte, décentralisation, renouveau du service public, approfondissement de la démocratie, réduction du temps de travail, extension du temps consacré aux « activités autonomes », limitation du règne de la marchandise... Ils les retrouveront d'autant mieux que nous aurons veillé à leur mise en œuvre.

Car il y a quelque chose de fondamentalement transformateur dans l'orientation de ceux des Verts qui ne prônent pas un retour au passé – fortement idéalisé d'ailleurs – mais allient au contraire écologie et modernité, cherchent la voie d'une croissance propre, d'un développement alternatif. Ceux-là ne peuvent qu'être hostiles au libéralisme sauvage, à l'expansion indéfinie des rapports marchands, à un mode de production fondé sur la concurrence entre des firmes ne connaissant que leur intérêt particulier. En revanche, ils ne peuvent que partager avec la gauche la volonté de soumettre l'activité économique à des fins et à des valeurs solidaires, l'aspiration à une civilisation qui permette mieux l'épanouissement de la personne humaine.

Bien sûr, l'accroissement de la production est indispensable, et si nos devanciers ont tellement insisté sur ce point, c'est parce que, je l'ai dit, cet accroissement était un instrument essentiel de lutte contre la pauvreté, qui constituait l'objectif premier des socialistes et reste un objectif majeur. Il n'est pas question pour nous de viser la croissance zéro. Nous nous distinguons là de certains écologistes, car nous savons que la croissance douce, c'est le chômage dur. Mais cet accroissement de la production n'est pas la finalité. La finalité, c'est la personne humaine. L'homme ou la femme n'est pas uniquement un producteur et un consommateur. Il y a un sens, il y a un projet. Alors qu'auparavant les deux facteurs de production reconnus étaient le capital et le travail, la nature devient également centrale. Elle doit être traitée comme telle, et non considérée comme un « solde ». Le concept de développement doit faire place à celui d'écodéveloppement.

« Un monde sans pitié »

Il s'agit, et c'est très ambitieux, de parvenir à une restructuration écologique de la société industrielle.

Parce que, de plus en plus, l'objectif sort des limbes de l'utopie pour atterrir sur le sol ferme des ambitions politiques vraisemblables, il suppose une réflexion en profondeur sur les contraintes nouvelles qu'il fait naître.

Au-delà, se posent des problèmes d'éthique collective, qu'on ne règle pas au moyen d'une calculette. Comment s'organisera le temps libre gagné sur celui du travail ? Entre la vision d'horreur orwellienne d'un État qui administrerait les moindres secondes de ses citoyens et la vision d'effroi d'une société autiste, tout entière dévolue aux objets marchands consommés solitairement, il y a le vaste espace d'une réflexion. Aux socialistes de la mener. Je vois dans la manière dont nous écoutons notre jeunesse le signe avant-coureur que nous y sommes assez mal préparés. Hier, des banlieues ouvrières aux quartiers chics, la jeunesse, par-delà ses différences, communiait dans les mêmes rites, écoutait avec la même ferveur les Stones ou Pink Floyd. Il y avait une contre-culture générationnelle qui dépassait les différences sociales et permettait, avec ses étapes initiatiques propres, d'apprivoiser les règles du jeu social. Aujourd'hui, le phénomène continue mais, de plus en plus, chaque quartier a ses groupes de musique, sa culture, ses rites, dans un cloisonnement inquiétant. L'éclatement de la cellule familiale, la fragilité des perspectives professionnelles, le sentiment de rejet d'un monde adulte polarisé par l'emploi, les conditions de vie souvent déplorables dans les cités font que les jeunes recherchent la sécurité perdue dans l'identité du groupe ethnique, la dégradation symbolique du « tag », la violence purificatrice du clan, demain l'autodestruction du « crack ». Même la sexualité libérée par la contraception est à nouveau menacée d'interdit par le sida.

Nous nous affrontons sur la politique économique, la Sécurité sociale ou la construction européenne, toutes choses essentielles. Mais nous sommes trop souvent sourds aux rumeurs qui montent de nos villes et de notre jeunesse. « Un monde sans pitié », est-ce là tout ce que nous avons à leur proposer ? Je sais bien que, disant cela, je pose plus de questions que je n'apporte de réponses. Il faut commencer par là. Ce n'est pas parce que notre attention collective a d'abord été requise par les questions économiques depuis quinze ans qu'il faut que nous évacuions d'un revers de main gestionnaire les problèmes dits de société. Et surtout, même inquiétés par des phénomènes qui paraissent incontrôlables, nous n'avons pas le droit d'abdiquer les stratégies « libérales », au sens politique du terme, au profit de la protection sécuritaire. Oui, les skinheads et les zoulous sont angoissants. La drogue est terriblement destructrice. Nous ne pouvons simplement répondre que la cause en est le béton. Ces phénomènes témoignent d'abord d'un malaise profond, d'un brouillage des repères dont nous serions bien inspirés de nous soucier. Cela ouvre aux écologistes et à nous-mêmes un terrain supplémentaire de débat concret. Nous avons quelques années pour inventer une façon pacifique et constructive de vivre ensemble.

Le mouvement écologiste peut agir comme un catalyseur sur le Parti socialiste, lui faire redécouvrir d'une certaine manière la démarche de ses origines et l'enrichir par rapport aux défis du futur. Et inversement. Le socialisme a besoin de l'écologie pour être pleinement à l'écoute de son temps et anticiper un certain nombre de crises, l'écologie a besoin du socialisme pour s'intégrer dans une démarche politique vraiment globale et efficace. C'est pourquoi les socialistes ne doivent pas avoir une conception frileuse du progrès, ne doivent tomber ni dans je ne sais quel archaïsme par la dénonciation du progrès ou de la croissance, ni dans une vision béate de la modernité. Si, comme je le pense, ce qui peut distinguer largement la gauche de la droite dans les années 90, c'est l'orientation que l'une et l'autre entendent imprimer au progrès technique – leur attitude à l'égard de la troisième révolution industrielle –, alors socialistes et écologistes peuvent se retrouver sur l'essentiel. Et notamment sur la question stratégique de la réduction et de l'aménagement du temps de travail, que je veux prendre comme exemple pour montrer concrètement ce que peut signifier l'écodéveloppement.

« La Révolution du temps choisi »

En 1980, le club Échanges et Projets, animé par Jacques Delors, publiait un livre qui fit assez peu de bruit, en dépit de sa qualité, *La Révolution du temps choisi*.

Le livre tombait mal : l'année précédente, le second choc pétrolier avait replongé le monde dans la crise. La courbe du chômage montait en flèche. L'État-protecteur voyait exploser ses dépenses et tarir ses ressources. Partout se ravivait l'antique peur du lendemain. Conserver ou trouver un emploi, maintenir les avantages acquis étaient les grandes préoccupations de l'heure. Les critiques du productivisme, de la société de consommation et de gaspillage, qui avaient fleuri dans les années 60, et singulièrement après Mai 68 – souvenons-nous du Club de Rome, de Sicco Mansholt et autres chantres de la « croissance zéro » –, n'étaient plus de saison. Dans ce contexte, le livre d'Échanges et Projets semblait un peu incongru.

Il formulait pourtant une grande perspective : nos sociétés doivent mettre à profit l'explosion des technologies nouvelles pour réduire progressivement la durée du travail économique – celui qu'on effectue contre un salaire – afin que pour chacun le temps libre, celui qu'on consacre non seulement aux loisirs mais aussi et surtout à la formation, à la culture, à l'action associative et politique, à la convivialité, à la famille, bref, à l'accomplissement de soi, s'élargisse.

Le but de la réduction du temps de travail n'est qu'en partie de lutter contre le chômage. Depuis 1936, on sait que l'idée d'un partage du travail entre tous les bras disponibles en vue de rétablir le plein-emploi est simpliste. Le travail n'est pas une grandeur homogène, qui se laisse partager comme un vulgaire pudding. Selon les branches d'industrie, les niveaux de qualification, il y a pénurie ou surabondance de la main-d'œuvre disponible et en réduisant uniformément le temps de travail, on crée des goulets d'étranglement, donc des baisses de la production et de nouveaux chômeurs. La réduction du temps de travail ne peut être créatrice d'emplois que si elle s'accompagne d'une réorganisation de la production – permettant par exemple l'allongement du temps d'utilisation des équipements et des machines – et surtout d'une politique de formation, initiale et permanente, capable d'ajuster l'offre de main-d'œuvre à la demande.

L'objectif de la réduction du temps de travail s'inscrit dans une perspective beaucoup plus vaste que la lutte contre le chômage. Il ne s'agit pas seulement de travailler moins pour travailler tous et de développer hors de son travail les potentialités qui ne trouvent pas à s'épanouir dans celui-ci. Il s'agit aussi et surtout de jeter les bases d'un nouvel art de vivre, d'une civilisation du temps libéré. La grande inversion qu'Herbert Marcuse appelait de ses vœux, l'instauration d'une prépondérance du temps libre sur le temps de travail économique, entraîne une véritable révolution culturelle et est le vecteur d'un bouleversement positif de la société.

Tout se tient : un salarié soumis à huit heures de labeur très dur et à deux ou trois heures de transports quotidiens est conduit en général vers des loisirs de récupération offerts par l'industrie du divertissement, il se détourne souvent des associations et de l'action publique, prête une oreille distraite aux affaires de la commune ou de la Nation. L'organisation actuelle du temps entraîne des conséquences multiples, y compris sur la répartition des rôles entre les sexes et l'inégalité dont les femmes sont victimes. L'extension du temps libre, la libération du travail – accompagnant la libération dans le travail induite par la démocratisation de l'entreprise – posent la question de l'utilisation de ce temps disponible, du développement des activités autonomes.

L'extension du temps libre prolonge et couronne la lutte du mouvement ouvrier pour le « temps de vivre » : journée de huit heures, semaine de quarante, congés payés... Elle revêt aujourd'hui, on l'a vu, une nouvelle acuité, en raison des formidables économies de temps de travail qu'engendre la révolution microélectronique dans l'industrie et les services. Elle impliquera une véritable réorganisation de la société : évolution du système d'enseignement et de formation, de la culture et des loisirs, de la vie associative et politique, des activités économiques elles-mêmes, avec l'essor du « tiers-secteur » d'économie coopérative, mutualiste et sociale. Elle rend possible l'essor de loisirs actifs, de nouvelles formes de convivialité et de sociabilité, le développement de la démocratie participative, l'avènement de la formation permanente pour tous, une meilleure égalité hommes-femmes dans la société.

La réduction du temps de travail ne constitue donc pas une option qu'on pourrait accepter ou repousser, mais bien un processus qui s'opère sous nos yeux, par l'expulsion hors de la production de millions de salariés, aux deux extrémités de la chaîne des âges : jeunes chômeurs et préretraités. On peut traiter de diverses façons ce problème, on ne peut pas l'éluder. Le choix n'est pas entre l'approbation ou le refus d'un partage du travail : il est entre une pratique « sauvage » et une approche organisée de ce partage. Les libéraux ont leur réponse : conserver au travail économique le statut d'activité à temps plein, l'essentiel de l'énergie de chacun ; instituer la coupure de la société entre une élite hyperactive, détenant les compétences et les pouvoirs, et une masse vouée aux travaux temporaires, routiniers, ingrats.

La gauche – et les écologistes ? – doit avoir la sienne : profiter de la révolution technologique en cours pour instituer progressivement, par étapes, au moyen de la négociation contractuelle (ensuite, si la généralisation est nécessaire et possible, par la loi), la semaine de trente-cinq heures, puis de trente heures au début du XXIe siècle. Afin de travailler moins pour travailler tous (travailler moins mais sans doute plus longtemps, ce qui correspond aux aspirations de certains retraités et aux évolutions physiologiques), mais surtout afin que les valeurs et les activités économiques cessent d'être les seules par rapport auxquelles tout le reste s'ordonne et prend sens ; que les activités et les valeurs culturelles, esthétiques, cognitives prennent désormais leur juste place.

Contrairement à une légende tenace, cet objectif n'est nullement propre aux socialistes français, réputés irréalistes et maximalistes : il appartient en commun à des forces aussi différentes que le SPD allemand, le PCI italien, les syndicats néerlandais... Tôt ou tard, l'Internationale socialiste et l'Eurogauche tout entière devront le reprendre à leur compte. Le débat sur les modalités concrètes de cette réduction du temps de travail existe d'ailleurs dans tous les pays capitalistes développés depuis plus de quinze ans et il a donné lieu à des études multiples. « Réorganisation-réduction du temps de travail », retour au travail intermittent, organisation des horaires modulaires, systèmes d'horaires souples, flexibles, à la carte, préconisés par le patronat et peu ou prou accompagnés de réduction du temps de travail, réduction par paliers selon un calendrier fixé à l'avance – tous les quatre ou cinq ans – et sans perte de revenus : beaucoup de formules ont été étudiées. Dans son livre *Le Pari français,* Michel Albert, qui est un chef d'entreprise et un ancien commissaire au Plan, mais qui n'est pas précisément un militant socialiste, proposait également la réduction du temps de travail – et même l'extension du travail à mi-temps – avec une réduction proportionnelle du salaire, la perte qui en résultait pour le salarié étant compensée par un « deuxième chèque » versé par l'État. Tandis qu'André Gorz, le théoricien le plus inspiré de ces questions, préconise un impôt indirect, du type de la TVA sur les produits et les services, à un taux différencié, en fonction de l'utilité sociale.

Je ne dis pas que toutes les propositions sont satisfaisantes, loin de là. Il est évident que les situations sont différentes, que des paliers sont nécessaires, qu'il faut agir avec souplesse. La discussion est ouverte sur les modalités et les rythmes de la réduction du temps de travail. Ses progrès dépendent pour une part de l'expérimentation, et à cet égard ce qui advient dans la métallurgie allemande doit être étudié avec attention. Ce qui ne me paraît pas discutable, en revanche, c'est l'objectif lui-même et la nécessité de dépasser le cadre national, d'agir sur le plan européen pour avancer.

Je sais que cette idée va à l'encontre des thèmes aujourd'hui dominants. Je pense cependant que pour les pays développés elle s'imposera : la réduction du temps de travail, l'avènement d'une civilisation du temps libéré doivent être des objectifs majeurs que la gauche propose à l'ensemble de nos sociétés développées. Quant aux pays pauvres, ils savent bien que, s'ils suivent notre modèle actuel, c'est la catastrophe pour nous tous. Il n'y a pas de réponse écologique sans une action massive en leur faveur (transfert de ressources et de technologies) de façon à leur éviter aussi bien les drames de la pauvreté que les pièges du productivisme. L'écodéveloppement n'est pas le luxe des riches, c'est une nécessité planétaire.

CHAPITRE V

N. O. M.

Le 9 novembre 1989, il n'y a plus de mur de Berlin. Ce qui semblait impossible quelques mois plus tôt, improbable quelques semaines auparavant, devient en quelques heures bouleversantes le fait majeur de la seconde moitié du siècle. La guerre froide est terminée, la paix froide peut s'achever, l'Est et l'Ouest ont vocation à se rejoindre, rires de joie, pleurs de joie, c'est une époque nouvelle qui naît. Et si nous l'appelions liberté !

Neuf mois plus tard, le 2 août 1990, les chars du président irakien Saddam Hussein envahissent l'état voisin du Koweit, dont le gouvernement est balayé, et le territoire annexé. Des milliers d'étrangers sont pris en otage. La tension internationale monte à son plus haut niveau depuis trente ans. Le Conseil de sécurité de l'ONU décrète l'embargo général en direction de l'Irak. Les États-Unis d'Amérique, la France, d'autres pays envoient des troupes. Et si c'était une nouvelle guerre ?

Au moment où j'écris ces lignes, nul ne connaît la réponse. Chacun constate seulement qu'en moins d'un an on est passé d'une situation extrême à l'autre. Voire ! Car ne s'agit-il pas en réalité du double aspect d'une seule et nouvelle donne ? Durant des décennies, un certain ordre mondial a prévalu. La coupure Est-Ouest dominait tout et d'une certaine façon cimentait tout. Le surarmement, les disparités Nord-Sud, la construction européenne, chaque domaine était subordonné à l'équilibre antagoniste entre Russes et Américains. Aujourd'hui l'antagonisme fait place à l'alliance. Le ciment disparaît. Un Nouvel Ordre mondial (N. O. M.) peut enfin prendre forme. A la gauche de dire clairement ce qu'elle en attend. Et d'agir en conséquence.

Conjuguer sécurité et désarmement

Jusqu'à l'écroulement du communisme, la séparation Est-Ouest était rigide : l'opposition était incarnée dans deux alliances et verrouillée par une dissuasion nucléaire efficace. Pendant plus de quarante ans, nous nous sommes accommodés de cette situation. Quand je dis « nous », je parle des pays occidentaux. Certes nous ne sommes pas restés inactifs, nous n'avons pas accepté passivement Yalta. Par les relations d'État à État, par le contact des sociétés d'Est et d'Ouest, nous avons cherché à modifier le cours des choses. Mais nous n'avons pas tenté de remettre en cause le cadre, pour des raisons évidentes : le risque d'holocauste nucléaire. Ce cadre, nous l'avons même institutionnalisé, afin que deux ensembles opposés admettent des règles du jeu communes : ce fut le processus d'Helsinki. Reconnaissons que pendant ces années de guerre froide il y eut, cependant, plusieurs guerres chaudes, et que les Européens de l'Ouest ont payé pour partie leur sécurité par la privation de liberté des Européens de l'Est.

Aujourd'hui ce cadre disparaît. N'allons-nous pas payer la liberté retrouvée à l'Est par une nouvelle insécurité ?

Je ne suivrai pas les adeptes de la théorie des catastrophes qui voient dans tout changement l'amorce d'un conflit dévastateur. L'Europe d'aujourd'hui n'est pas celle de 1918.

Le monde non plus. La paix européenne, qui reposait sur la confrontation, peut reposer à l'avenir sur la coopération. La planète peut connaître un nouvel ordre mondial. A condition notamment – pour l'Europe – qu'au face-à-face des alliances on sache substituer la table ronde des pays du continent partageant les mêmes valeurs, chacun consentant un sacrifice de souveraineté à la sûreté de tous. A condition aussi, s'agissant de la paix internationale, qu'une autorité mondiale, relayée le cas échéant par des organisations régionales, fasse réellement respecter le droit.

Toute la question est de savoir comment mener cette transition stratégique, comment conjuguer sécurité et désarmement.

Entre les États-Unis et l'URSS, le processus de désarmement est largement entamé. Ils vont signer bientôt un traité sur la réduction des armements nucléaires stratégiques. A Vienne, on s'achemine vers une réduction significative des armements conventionnels en Europe. Le pacte de Varsovie s'écroule : plusieurs de ses membres ont demandé la diminution ou le retrait des forces soviétiques stationnées sur leur sol. L'OTAN, de son côté, sera nécessairement modifiée.

En Europe, devant la nouvelle situation créée, on constate déjà une évolution de la doctrine militaire : d'une part, les Américains renoncent formellement à la théorie de la « réponse flexible » qui supposait la possession et l'emploi éventuel d'une panoplie d'armes nucléaires du champ de bataille ; d'autre part, avec l'unité allemande, la défense de l'avant en Allemagne cède la place à une doctrine de la défense en profondeur. Dans un tel contexte, s'ouvre la perspective d'une élimination des missiles à courte portée et de l'artillerie nucléaire sur le sol allemand. L'unification allemande et le retrait d'ici 1994 des troupes soviétiques du territoire de l'ancienne Allemagne de l'Est provoqueront la réduction, et dans certains cas le départ des troupes françaises, britanniques, canadiennes, belges. Une partie des troupes françaises commencera à plier bagages dès 1991. L'OTAN telle que nous l'avons connue va donc se transformer. Subsistera une alliance atlantique, assurant les Européens de la dissuasion nucléaire suprême américaine; mais la sécurité en Europe, même si cela ne se réalise que progressivement, relèvera des Européens. Nous en ignorons encore les mécanismes précis, mais je suis convaincu que les Européens devront jouer un rôle accru pour assurer la défense de l'Europe et renforcer leur coopération, notamment dans les instances multilatérales (Alliance atlantique, UEO). L'institutionnalisation de la CSCE (Conférence sur la sécurité et la coopération en Europe) – forum par excellence du dialogue Est-Ouest – peut devenir un élément fondamental de la sécurité pan-européenne, complétant les alliances existantes en mutation sans réduire leur sécurité. Un nouvel ordre de sécurité est en marche.

Dans le même temps, les risques vont tendre à se déplacer sur d'autres continents. L'affrontement Nord-Sud, inséparable des inégalités de richesse, peut devenir explosif. Les menaces liées aux armes chimiques, les risques de dissémination nucléaire sont évidents. Des impérialismes régionaux sont tentés d'apparaître. Qu'il s'agisse de l'attaque du Koweit par l'Irak, des guerres larvées ou ouvertes entre les Arabes et Israël, des affrontements de certains États d'Afrique entre eux, de ceux des pays d'Amérique latine ou d'Asie, nous devrons chaque fois tenir compte des nouvelles données stratégiques entraînées par la réconciliation américano-soviétique. Elle signifie que les conflits, s'il s'en produit, se dérouleront plutôt hors d'Europe, qu'ils interviendront sans le soutien de l'URSS ou des États-Unis. Elle ne signifie pas – comme l'avaient trop rapidement annoncé certains – que la guerre est mise définitivement hors la loi.

Les pays occidentaux vont donc devoir réexaminer plusieurs aspects de leur stratégie, remettre à plat leurs moyens de défense et à cette occasion dans chacun d'eux sera posée la question des budgets militaires. Il est souhaitable – et à mon avis probable – que la tendance de long terme soit une certaine réorientation des ressources vers des fins civiles. Mais sans sécurité moindre. Car un pays ne peut pas jouer avec sa propre sécurité. Quelles sont les implications pour la France ?

Nous sortons de l'ordre rigide des alliances, nous devons éviter d'entrer dans celui, instable, de l'équilibre des puissances qui a gouverné l'Europe de 1848 à 1914. Tant que les tensions politiques, sociales et ethniques sont fortes en URSS, les risques de déstabilisation – militaire notamment – ne peuvent être exclus. Quelle que soit l'évolution future de l'URSS, et surtout si la stratégie de Gorbatchev réussit – opérer un repli territorial et idéologique pour réinvestir massivement dans la technologie et refaire le retard économique et social par rapport aux États-Unis – la Russie demeurera une très grande puissance à cheval sur l'Europe et l'Asie. Mais l'apaisement est à ce point engagé qu'il n'est pas douteux que les États-Unis révisent à la baisse leur présence sur le continent. Dans ce contexte, pour satisfaire l'objectif d'une système de sécurité européen, il faut maintenir le cadre de l'Alliance atlantique, quitte à le modifier, et la garantie, même à un niveau beaucoup plus bas, qu'offre le couplage avec les États-Unis. Il faut aussi chercher à avancer de manière décisive vers un noyau européen de défense solide, dont la France, l'Allemagne et la Grande-Bretagne devraient être les pièces maîtresses, avec les Espagnols et les Italiens. Flotte européenne de la Méditerranée, force d'action rapide européenne..., les projets novateurs ne manquent pas. Nous devrons, comme nos voisins, trier entre les programmes, faire des choix, sachant que l'effet d'entraînement économique des industries d'armement s'épuise. Ce devra être à chaque fois l'occasion de manifester notre souci européen, en coordonnant l'action avec nos partenaires. Résumons : en ce qui nous concerne, un arsenal stratégique totalement national – même si, comme l'a reconnu l'Alliance atlantique en 1974, il protège l'ensemble de nos voisins ; un dispositif classique re-dimensionné, extrêmement mobile, qui puisse à la fois satisfaire aux exigences d'une défense européenne intégrée et à celles de l'action sur les théâtres d'opérations extérieurs.

Parallèlement à la maîtrise de notre sécurité, nous devrons agir énergiquement pour la coopération internationale et le désarmement afin de réduire les foyers de tension et les risques d'affrontement, d'empêcher la dissémination nucléaire et de réorienter au plan mondial le maximum de ressources vers le développement. D'autant plus que jusqu'ici la dissuasion était réservée aux puissances nucléaires alors que demain elle risque de s'étendre aussi à tous les détenteurs de l'arme chimique que n'embarrasse aucun scrupule. Cela devrait conduire à donner bien davantage de place à l'arbitrage international et à la sécurité collective, c'est-à-dire en particulier à l'action de l'Organisation des Nations unies. La fin de la guerre froide ouvre pour celle-ci des possibilités nouvelles, qui étaient paralysées jusqu'ici. La composition de certaines instances, héritée de la guerre, devra sans doute être modifiée afin de mieux refléter la réalité du monde. Nous-mêmes, nous sommes un de ces cinq membres permanents du Conseil de sécurité, et c'est un de nos atouts majeurs. L'ONU – elle l'a montré pour la Namibie, le Cambodge et lors de la crise du Golfe, elle devrait le faire pour la question palestinienne et le Liban – peut et doit jouer un rôle accru correspondant au nouvel ordre international : plus seulement une tribune où on parle, un lieu où on vote, mais l'assemblée mondiale qui a la haute charge et les moyens de faire effectivement respecter le droit. La voie est escarpée, semée d'embûches, il y aura des déconvenues et des échecs. Mais l'enjeu est si capital que tout doit être fait pour progresser en ce sens.

« Réorientation de notre stratégie », « restructuration de nos forces », « réexamen des crédits militaires », au premier mot de ce genre qui met en cause certains principes établis, les gardiens du dogme s'émeuvent. Si on s'interroge sur la nature des menaces et des conflits à venir, distincts de ceux de la guerre froide, si on suggère d'en tirer les conséquences, on est déjà un peu suspect. Mais si carrément on refuse le « toujours pareil et toujours plus », alors là on n'est pas vraiment responsable... Inutile de s'indigner. Inutile de provoquer – non pas bien sûr le complexe militaro-industriel – mais les manes du général de Gaulle. Mieux vaut réfléchir... A quoi ? Au fait que le monde a tout de même un peu changé depuis qu'URSS et États-Unis ont vraiment décidé de se faire la paix ; que la situation en France a tout de même un peu évolué depuis qu'en Pologne, Hongrie, Tchécoslovaquie, Allemagne orientale sur lesquelles étaient pointées nos fusées, des gouvernements démocratiques sont en place ; que les problèmes de sécurité se sont tout de même un peu modifiés depuis que la menace militaire des impérialismes régionaux succède à celle de l'affrontement nucléaire bipolaire. Il n'est dès lors pas absurde devant ce nouvel ordre mondial de soulever le capot de notre défense, de soumettre le moteur à une révision afin de faciliter la carburation de l'ensemble et de supprimer les incohérences qui commencent à gêner même les passagers...

Deux exemples. Aura-t-on encore besoin du Hadès, missile de courte portée qui, tiré de nos frontières, frapperait l'Est de l'Allemagne ? Ce programme avait sa pleine justification lorsque l'ancienne RDA abritait des soldats soviétiques en grand nombre, puisqu'il aurait permis à la fois de donner l'ultime avertissement et de frapper des concentrations de troupes. Les troupes soviétiques seront demain repliées derrière la Pologne. C'est là-bas qu'il faudrait éventuellement les frapper. Dès lors, quel sera l'usage du Hadès ?

Réexamen aussi des forces classiques ou conventionnelles. La tension sur le continent européen diminue, la défense de l'avant disparaît, les troupes soviétiques se replient. La crise du Golfe montre l'utilité de moyens plus mobiles, avec des effectifs réduits à forte puissance de feu et des capacités de reconnaissance à longue portée. Faut-il dès lors conserver une capacité de déploiement massif de nos forces, ou au contraire redimensionner notre armée, abréger nettement le temps du service national, rechercher sur le modèle de la force d'action rapide une mobilité accrue, organiser les coopérations européennes nécessaires pour réaliser, enfin, une vraie communauté de défense ? La réponse pour moi ne fait pas de doute.

Bref, nous devons non seulement adapter notre défense au Nouvel Ordre mondial en insistant sur la mobilité de nos forces, mais jouer simultanément tout notre rôle dans cette société internationale de la paix et nous abstenir de contribuer au surarmement par nos décisions internes et par nos ventes à l'étranger. On ne peut s'empêcher d'imaginer ce qu'aurait été la crise du Golfe arabo-persique si l'Irak possédait déjà l'arme nucléaire. Pour des raisons diverses, nos ventes d'armes n'ont en rien diminué depuis que la gauche a accédé au pouvoir. Chacun y a sa part de responsabilité, n'épiloguons pas. Quoi qu'il en soit, c'est une mauvaise orientation qu'il faut progressivement changer. Économiquement, ce ne sera pas facile : d'où la nécessité pour certaines entreprises, certaines régions, certaines villes, de disposer de fonds publics importants afin d'engager leur reconversion. L'argument inverse ressassé en permanence –

on ne peut avoir une défense vraiment indépendante si on n'est pas soi-même un important vendeur d'armes –, cet argument ne vaut pas dès lors qu'on décidera de mener au plan européen une politique coordonnée de planification et de fabrication des armements indispensables, conduisant nos États à harmoniser leurs productions, leurs achats et aussi leurs ventes. Sur l'orientation à long terme, en tout cas, nous devons reconsidérer nos choix : la gauche ne peut pas accepter durablement que la France soit le troisième vendeur d'armes du monde. Nous devons à la fois parler et agir pour la paix.

Soutenir la révolution démocratique à l'Est

L'explosion de la révolution démocratique à l'Est a déterminé le nouveau cours des relations internationales. Son succès est nécessaire au maintien durable de cette orientation. Raison de plus pour l'encourager au maximum.

Ce que l'on a appelé longtemps les « pays de l'Est » ne forme pas, il s'en faut de beaucoup, un bloc homogène. La Tchécoslovaquie, au passé industriel et démocratique, n'est pas la Bulgarie. La Roumanie, où Ceausescu vit encore dans les têtes et parfois dans les comportements, n'est évidemment ni la Hongrie qui a pris son tournant, ni la Pologne du catholicisme et de Solidarnosc. De plus en plus il faudra apprendre à penser en termes d'une mosaïque de l'Est. Le cours de la révolution démocratique varie selon les pays. Mais son sort se joue en son épicentre : l'Union soviétique.

Le scénario souhaitable d'une transition pacifique du totalitarisme à la démocratie en URSS – celui que Lech Walesa appelle la « voie espagnole » – n'est évidemment pas le seul possible. L'Union soviétique vit à la fois la désintégration d'un empire et la faillite d'un système : c'est un état plus propice aux convulsions qu'à l'harmonie et aux évolutions contrôlées. Ses dirigeants savent qu'ils ne peuvent sortir du collectivisme bureaucratique qu'en étendant les droits et les libertés de leurs concitoyens. Une telle extension, à son tour, ne peut qu'accélérer, dans un premier temps, la désagrégation de l'Empire. L'URSS avait poursuivi l'œuvre des tsars dans la consolidation de l'influence grand-russe. Aujourd'hui l'édifice multiséculaire est menacé. Les Pays baltes, conquis au XVIIIe siècle, perdus au début du XXe, reconquis par Staline à l'occasion du pacte germano-soviétique, déclarent leur indépendance. La république de Russie, emmenée par Boris Elstine, met en cause l'autorité de la fédération. En Géorgie, en Ukraine qui avaient déjà tenté de faire sécession à l'époque de la Révolution bolchévique, dans les Républiques musulmanes, les forces centrifuges sont à l'œuvre. Ici et là, les ethnies s'affrontent ou menacent de le faire. Bien sûr, on voit se développer un nationalisme de repli qui s'accommoderait assez bien au fond d'une URSS resserrée sur la Russie, la Biélorussie et l'Ukraine. Mais l'esprit de conquête et d'empire n'a pas disparu, tant s'en faut, et j'imagine déjà les ravages d'une OAS soviétique. La partie démocratique sera donc extraordinairement difficile à jouer : on ne passe pas sans convulsions d'une Union soudée par la force et la terreur à une fédération fondée sur le consentement de chacun.

La désagrégation de l'Union est possible, celle du système communiste est en route. Le recours à l'initiative privée, aux mécanismes du marché dans un pays où n'existe pas une dense couche d'entrepreneurs, où l'emploi, le revenu, la faible productivité sont considérés comme des droits acquis, suscite déjà ses vagues d'effets pervers et de mécontentements : inflation, chômage, spéculation, corruption, affairisme. Les secteurs les plus conservateurs de la bureaucratie jouent l'échec de la Perestroïka. Les risques d'un enlisement dans le chaos, suivi d'un retour de bâton autoritaire ne sont pas négligeables. La révolution démocratique pcut déboucher sur un Thermidor totalitaire, ou sur une coalition de nomenklaturistes aux abois. Comme le rappelait Sakharov, une re-glaciation à la chinoise peut se produire. Une victoire des conservateurs se solderait alors sans doute par des tensions terribles entre républiques et par un retour à la politique agressive des années Brejnev. D'autres processus de désagrégation sont possibles. Après les dernières élections, les communistes sont dans l'opposition en ce qui concerne six, voire huit des quinze républiques fédérées (Russie, Pays baltes, Arménie, Moldavie, potentiellement Géorgie et Azerbaïdjan). De même pour Moscou, Leningrad, Kiev et cinquante des cent plus grandes villes du pays. Les appelés du contingent n'obéissent plus aux convocations qu'ils reçoivent des armées de Moscou. Les signes d'un déclin accéléré du PCUS se multiplient, entraînant un peu plus le pays dans sa chute, car cette organisation constituait en fait le seul système de commandement et de régulation de la société et de l'État. Saluons, soutenons le processus de libéralisation et de démocratisation à l'œuvre dans les pays de l'Est, mais gardons-nous de toute ingénuité : l'URSS est un empire qui s'effondre.

Ce qui rend malgré tout incertain un scénario-catastrophe, c'est, au-delà du talent et du courage de M. Gorbatchev, le degré de développement culturel et social atteint désormais par l'Union soviétique. Par ce qu'on (ne) trouve (pas) sur ses marchés et dans ses magasins, l'URSS est un pays sous-développé. Par le niveau de culture et de qualification de sa population, ses pourcentages de diplômés, de chercheurs, d'ingénieurs, de techniciens, d'ouvriers qualifiés, d'intellectuels, d'étudiants, elle s'apparente aux plus avancés des pays industrialisés. Cette couche sociale de travailleurs urbains, hautement qualifiés, issus du système scolaire et universitaire soviétique, constitue le moteur de la poussée démocratique. Elle est beaucoup plus étoffée qu'en 1956, au temps de Khrouchtchev. Elle a exercé une pression considérable sur la Nomenklatura communiste elle-même, engendrant un processus de différenciation politique en son sein. Aujourd'hui émergent en Union soviétique un courant « libéral occidentaliste », un courant populiste rénovateur, un courant social-démocrate. A cette aile marchante de la Perestroïka s'opposent les nationalistes slavophiles de Pamiat et toute la gamme des apparatchiks conservateurs, nostalgiques du stalinisme. Le parti du mouvement, malgré ses divisions, prend appui sur de larges secteurs populaires : minorités nationales en lutte contre le chauvinisme grand-russe, ouvriers qualifiés lassés de la gabegie, simples citoyens scandalisés par les privilèges et la corruption. Pour la première fois existe en URSS une large couche sociale porteuse des aspirations démocratiques, traversant de part en part le Parti communiste et l'appareil d'État. C'est là une autre raison d'espérer : cette couche sociale s'est renforcée, en même temps que s'aggravait la crise du système. Le réquisitoire prononcé par Gorbatchev sur l'état de la société soviétique devant le Comité central du PCUS en juin 1985 équivaut dans l'ordre économique et social à ce que fut dans l'ordre politique le rapport Khrouchtchev sur les crimes de Staline trente ans plus tôt, au XXe congrès du PCUS, en 1956. Même si, cinq ans plus tard, Gorbatchev est à son tour durement attaqué par ceux qui lui reprochent de parler de réformes économiques et d'échouer à les mener à bien.

L'Union soviétique est donc entrée dans une crise durable : faillite économique, divisions de la Nomenklatura, oppositions géographiques, ethniques et politiques, soulèvement antibureaucratique de larges secteurs (intellectuels, ouvriers, paysans, minorités nationales), entraînant dans leur sillage la basse bureaucratie – comme le tiers état avait entraîné le bas-clergé en 1789 –, et même une fraction des dignitaires du régime. La voie alternative au collectivisme agonisant n'est pas acquise. Ce peut être une forme de social-démocratie. Ce peut être aussi l'établissement d'un capitalisme pur et dur. Les peuples des pays de l'Est veulent à coup sûr réduire l'étatisation et la bureaucratie, instituer l'État de droit et la démocratie politique. Ils ne sont probablement pas prêts à abandonner l'économie et la société au seul jeu sauvage des lois du marché. La lame de fond qui déferle sur les pays de l'Est n'est pas libérale, au sens économique du terme, mais plutôt démocratique, et peut-être, dans son fond, social-démocrate. Autrement dit, à l'Est aussi l'avenir pourrait appartenir à une forme particulière « d'économie mixte ». A condition que ne se produise pas dans l'opinion une confusion avec le prétendu « socialisme » d'avant, lequel est rejeté, détesté, vomi. Rien n'est acquis.

Dans mes analyses, dans mes pronostics sur l'URSS, je suis prudent. Difficile de baliser le parcours d'un colosse qui titube et s'effondre. Et puis les spécialistes se sont en général remarquablement trompés. On connaît la formule de Churchill : « L'URSS est un secret enveloppé d'une énigme qui dissimule un mystère. » A quelques exceptions près, comme Hélène Carrère d'Encausse, les soviétologues français ont souvent été – contrairement à leurs homologues anglo-saxons – d'une grande myopie sur l'évolution de l'URSS et de ses satellites. Quand on avait dit que l'URSS était une société totalitaire, agressive et despotique par nature, on avait tout dit. Qu'il existe de nombreuses variétés de « totalitarismes », que ce gros concept ne nous apprenne pas grand-chose sur les différenciations, les conflits, les contradictions internes de la société soviétique, on n'en avait cure. Dans leur problématique de guerre froide, la Glasnost et la Perestroïka n'étaient pas seulement imprévisibles, elles étaient proprement impensables.

Certains, aujourd'hui, nous expliquent tout aussi péremptoirement que la Perestroïka n'est qu'un attrape-nigaud et adoptent, pour changer, une position maximaliste : les démocraties occidentales devraient par-dessus tout se garder de tendre la main vers les totalitaires aux abois, s'abstenir de placer les économies exsangues de l'Est sous la tente à oxygène de leur technologie et de leurs capitaux. Loin de céder aux sirènes émollientes du désarmement, elles devraient maintenir et même accroître leur effort militaire afin de prévenir les actions de désespoir auxquelles peut se livrer la classe dirigeante soviétique. Selon ces esprits forts, la perspective d'une sortie démocratique et pacifique du stalinisme ne constituerait pas un objectif ambitieux, mais une chimère dangereuse.

Je partage la démarche plus subtile et plus expérimentée de ceux qui ont opposé des solutions alternatives au totalitarisme et qui sont depuis lors parvenus au pouvoir. Les démocrates polonais et hongrois, y compris lorsqu'ils étaient dans l'opposition, se sont toujours gardés du maximalisme, ils procèdent pas à pas, évaluant à chaque instant jusqu'où, compte tenu des rapports de forces, ils peuvent aller trop loin. On a reproché aux responsables de Solidarnosc d'avoir accepté une « démocratie tronquée », des élections où seuls 35 % des députés étaient élus. Mais ces élections à 35 %, ils les ont gagnées à 100 %, accomplissant un nouveau pas vers l'avènement d'une démocratie pluraliste. Qui aurait cru, il y a seulement quelques mois, que ce processus aboutirait au gouvernement de Tadeusz Mazowiecki ?

La révolution démocratique dans les pays de l'Est constitue un processus complexe, graduel, chaotique, en dents de scie, terriblement lent d'une certaine façon, brutal parfois, mais c'est de politique, et donc de forces et d'évolution de rapports de forces qu'il s'agit. Les conservateurs disposent encore d'unc capacité de nuire. Les populistes sont puissants. Il faut œuvrer à les dissocier, non à les ressouder. Le temps et la raison travaillent contre eux. Il faut savoir s'en faire des alliés.

C'est pourquoi la ligne à suivre a été bien résumée par François Mitterrand au terme du Sommet des 7 pays les plus industrialisés, en juillet 1989 : « Nous souhaitons la réussite de l'entreprise de démocratisation en Union soviétique. Nous saluons le courage de cette entreprise. Nous ne sommes pas chargés d'en assurer la réussite mais, dans la mesure où nous pourrions le faire, nous y contribuerons. » C'est bref, mais tout est dit !

Le mouvement de démocratisation en URSS présente l'originalité d'être impulsé du sommet, même si les communistes réformateurs qui en prennent l'initiative sont débordés par les forces qu'ils libèrent. Une dynamique positive s'instaure entre le mouvement démocratique, de plus en plus autonome, et ce qui reste de la bureaucratie du Parti-État. Tant que les dirigeants communistes jouent ce rôle d'impulsion – qui est aussi un rôle d'apprenti sorcier –, les démocraties occidentales doivent les encourager, notamment en leur accordant l'aide économique dont ils ont besoin. Car la Glasnost et la Perestroïka avancent sous la contrainte de la banqueroute économique : les mineurs de Sibérie et d'Ukraine en sont encore à revendiquer – par la grève – du savon, de la viande, des logements ! Les premières réformes n'atténuent pas, mais aggravent la crise générale du collectivisme bureaucratique. Le risque est grand, sans notre appui, que la démocratisation ne se brise sur l'impasse économique et que s'ouvre alors une phase de glaciation ou de populisme. Notre aide n'est pas et ne peut pas être suffisante, elle est cependant indispensable.

Comment ? Surtout, par l'économie.

En premier lieu, nous devons réexaminer les barrières de la Communauté devant les biens et services de l'Europe de l'Est, dès lors qu'ils sont produits aux conditions du marché. Cette orientation nous créera, ne nous le cachons pas, des difficultés internes, elle doit être très prudente mais elle est nécessaire. L'ouverture des pays de l'Est à la concurrence internationale sera le moteur de leur compétitivité ; l'ouverture progressive des marchés occidentaux aux produits de l'Est sera leur ceinture de sécurité.

A nous également de favoriser les transferts de technologie, pour insérer ces économies dans le jeu mondial. Faciliter aussi les investissements directs, vendre en même temps l'expérience industrielle qui permet de maîtriser les technologies transférées, d'assurer la maintenance, de développer des capacités de reproduction, voire d'innovation, grâce en particulier à la formation des cadres. Pourquoi la Communauté n'organiserait-elle pas à grande échelle un programme pour la formation des ingénieurs et managers de l'Est ?

Essentiel aussi de financer la reconversion. Nous n'avons pas su terminer comme il fallait la guerre 1914-1918 précisément parce que nous avons imposé à l'Allemagne des réparations qui l'ont empêchée de se relever. Sachons terminer la guerre froide avec plus de clairvoyance. Agissons pour une réduction significative de la dette des pays de l'Est. S'ajoutent à cela le financement nouveau, l'argent frais nécessaire pour favoriser les investissements d'intérêt général, en matière d'environnement notamment, pour soutenir des projets industriels viables, pour aider à la mise en place d'un système de protection sociale qui amortisse le choc de la modernisation. L'affectation de ces ressources doit être pilotée efficacement, sinon on saturera les capacités d'absorption de ces pays, on les déstabilisera en aggravant les tensions inflationnistes, ou, tout simplement, on jettera l'argent par les fenêtres. Veiller à tout cela, le mettre en œuvre sera le rôle important de la Banque européenne pour la reconstruction et le développement de l'Est, créée à l'initiative de la France.

L'aide économique ne suffira pas. Nous devons également apporter sans arrogance notre savoir-faire démocratique. Les coopérations et jumelages entre parlements d'Est et d'Ouest, entre institutions gouvernementales, entre collectivités locales sont un moyen. Nous pouvons aussi « prêter » des juristes, des fonctionnaires, des spécialistes de la presse. Nous devons former chez nous, dans nos écoles d'administration ou de journalisme, les responsables par lesquels s'expriment concrètement les libertés civiques.

Parallèlement, nous devons continuer de manifester notre vigilance constante pour le respect des droits de l'homme. Longemps, nous avons raisonné à peu près exclusivement en ces termes : Solidarnosc avait besoin d'être soutenu par la protestation du monde contre ses geôliers, comme Sakharov contre les héritiers de Staline. Nous l'avons fait. Je l'ai fait avec passion et je ne regrette aucun de ces combats. Mais la défense des droits de l'homme ne suffit pas. Je me souviens d'une conversation avec Walesa et Geremek, à Paris, avant l'accession de Solidarnosc au pouvoir. Je demandais à Walesa : « Que pouvons-nous faire pour vous aider ? – Ne vous préoccupez pas trop du gouvernement, me répondit-il, celui-ci ou un autre, nous en ferons notre affaire. Mais aidez-nous par la coopération industrielle, scientifique, technologique. Multipliez les liens entre vos entreprises et les nôtres. Quand ces liens seront assez nombreux et assez denses, aucun gouvernement polonais ne pourra revenir en arrière sur l'ouverture de notre pays, la démocratie aura gagné. » Ouverture économique et respect des droits de l'homme sont liés, dans les deux sens. Nous devons être présents sur les deux terrains.

Au moment où s'effondre à l'Est le communisme, la gauche, si elle veut contribuer à édifier un nouvel ordre mondial, porte une responsabilité particulière envers ces pays qui sortent de la nuit. Ce sont nos voisins, nos frères. Nous ne pouvons pas décider à leur place, mais nous ne pouvons pas nous contenter de les regarder faire. Agissons ! La révolution démocratique à l'Est veut faire apparaître une société de citoyens à la place d'une société de sujets. Évitons de transformer les anciennes « démocraties populaires » en tiers-Europe comme nous avons hier laissé les pays du Sud se transformer en tiers-monde.

Aider au développement du tiers-monde

La sécurité ne peut naître seulement du désarmement : elle naîtra aussi du développement. Ce troisième volet d'une démarche de gauche est étroitement lié aux précédents. Or, chaque jour, près de 40 000 enfants de moins de cinq ans meurent de faim ou de maladies désormais guérissables. Scandaleux ! Le sous-développement économique du tiers-monde le prive et nous prive de débouchés importants ; son sous-développement financier handicape sa croissance et réduit la nôtre ; le sous-développement écologique menace l'ensemble de la planète. Lutter contre la pauvreté du tiers-monde, inverser la tendance qui, depuis l'envolée des taux d'intérêt à la fin des années 1970, mène des pays d'Asie, d'Amérique et surtout d'Afrique à la clochardisation, est non seulement capital en soi-même mais constitue, à moyen terme, la vraie condition de la paix.

ÉPONGER LA DETTE

Dans les années 70, les grandes banques commerciales, soucieuses de recycler la masse énorme des pétrodollars, ont rivalisé d'ingéniosité pour placer dans les pays en voie de développement des prêts de plusieurs dizaines de milliards de dollars, sans trop se soucier de leur emploi. Une partie des capitaux placés a été détournée au profit de l'enrichissement et de la consommation somptuaire des « élites » locales. Une autre a été engloutie dans l'importation de biens de consommation. Une troisième enfin a été utilisée pour investir, le plus souvent dans des équipements pharaoniques obligeamment fournis par les firmes occidentales. le Brésil, qui dispose de vastes ressources hydro-électriques, s'est offert plusieurs centrales nucléaires. La présidente des Philippines Cory Aquino confirme que 2 milliards de dollars ont été empruntés sous la dictature de Marcos, pour installer une centrale nucléaire... dans une zone de tremblements de terre. Au Zaïre, trente usines de traitement du coton achetées aux États-Unis pour 7,5 milliards de dollars n'ont jamais fonctionné. Mais les familles régnant dans ces pays au moment de tels choix ne manquent assurément de rien ! Les personnalités qui dénonçaient alors cette politique prêchaient dans le désert : c'était l'époque de l'inflation à deux chiffres dans les pays occidentaux – et les taux d'intérêt réels (inflation déduite) étaient faibles, voire nuls. Pourquoi dans ces conditions ne pas saisir l'offre des banquiers, pourquoi ne pas s'industrialiser à crédit ?

A la fin des années 70, les dirigeants occidentaux ont pris conscience du danger que fait courir à l'économie mondiale l'inflation. Stopper ce déséquilibre en contrôlant la masse monétaire est devenu la règle des politiques économiques. Les taux d'intérêt ont commencé à s'envoler et avec eux le montant du service de la dette. Le fardeau des intérêts est devenu insupportable. Depuis 1984, le tiers-monde transfère des ressources vers le Nord : les pays du Sud versent chaque année aux pays du Nord plus qu'ils n'en ont reçu. L'Amérique latine a dû, en cinq ans, opérer un transfert vers le Nord de près de 200 milliards de dollars. Dans la crise du Golfe, une fois encore, ce sont les pauvres qui subissent le plus. Pour payer ces intérêts, les pays endettés doivent exporter sans cesse davantage. Or le cours des matières premières – sauf le pétrole – ne cesse de baisser. Et les pays développés, confrontés eux-mêmes au chômage, dressent des barrières à leurs frontières. Restent les « recettes » du Fonds monétaire international – réduction des salaires, des budgets sociaux, des subventions aux produits de première nécessité – qui mènent souvent à l'explosion sociale...

Là réside la responsabilité du Nord : après avoir poussé les pays du tiers-monde à s'endetter massivement pour s'équiper, souvent en dépit du bon sens – mais pour le plus grand profit de leurs entreprises –, les pays occidentaux, et au premier rang les États-Unis en raison de leur déficit extérieur, ont pratiqué une politique de hauts taux d'intérêt qui a alourdi considérablement le coût de la dette du tiers-monde. Cette responsabilité du Nord nous assigne des obligations : celle d'aider à régler le problème de la dette. Celle aussi de coordonner les efforts des pays les plus riches et de quelques autres, pour apporter une aide enfin efficace au développement du Sud.

Elle ne doit pas occulter, toutefois, les responsabilités des classes dirigeantes du Sud. Si l'on veut instituer une coopération efficace entre le Nord et Sud pour le développement, il faudra bien poser le problème du comportement de certaines oligarchies qui exploitent leur position pour détourner une partie de l'aide internationale et des investissements privés à leur profit, directement ou indirectement, par commissions prélevées sur les « contrats du siècle ». C'est par dizaines de milliards de dollars que les capitaux fuyant le tiers-monde se sont réfugiés aux États-Unis, en Suisse, en Grande-Bretagne. Il faudra aussi poser « à froid » le problème des pétromonarchies, gouvernant au profit de quelques familles des États à faible population autochtone, alors qu'à leurs portes des dizaines de millions d'êtres sont, par leur pauvreté, les proies toutes désignées pour la violence et l'intégrisme. Une plus juste répartition des retombées de ces richesses est indispensable. Dans nombre de pays endettés, les avoirs à l'étranger de l'oligarchie nationale dépassent le montant de la dette. Le fait que certains gouvernements occidentaux et beaucoup d'entreprises y trouvent étalement leur compte rend cet examen encore plus nécessaire.

Ne soyons donc pas manichéens. Il n'est pas vrai que l'unique responsable de la paupérisation d'une partie du tiers-monde soit « l'impérialisme occidental », que l'opulence du Nord ne soit que le revers de l'appauvrissement du Sud, soumis à l'échange inégal et à d'autres formes sophistiquées de pillage. L'explosion démographique, l'absence d'une classe d'entrepreneurs, l'injustice de la société, la sous-administration, l'inexistence d'un État de droit portent aussi leur part de responsabilité. Ce n'est pas en idéalisant le tiers-monde et en satanisant les pays développés – qui sont aussi des démocraties, et sont développés parce qu'ils sont des démocraties – qu'on fera avancer le problème. Le capitalisme a sa part de responsabilité dans le drame du tiers-monde. Les oligarchies nationales ont la leur.

François Mitterrand n'a cessé de multiplier les occasions pour essayer de convaincre les autorités des pays riches et leurs opinions publiques d'alléger le poids de la dette du tiers-monde. La dette publique peut être annulée – le Canada, l'Allemagne, la France, le Japon ont déjà tiré un trait sur certaines créances. En revanche, l'annulation pure et simple de la dette privée contractée à l'égard des banques privées ferait sauter le système bancaire international en même temps qu'elle ruinerait le crédit des pays emprunteurs, lesquels ont plus que jamais besoin d'argent frais. Ce combat opiniâtre, mené d'abord dans l'isolement, voire l'hostilité, a fini par produire quelques résultats. On n'entend plus autant les discours rigoristes exigeant du Sud qu'il assume les conséquences de ses actes et rembourse ses emprunts jusqu'au dernier penny. Les grandes banques commerciales ne sont plus sommées d'assumer intégralement leurs créances. Peu à peu, l'idée s'est imposée que cette dette monstrueuse de 1 300 milliards de dollars n'était pas remboursable par les pays pauvres, que son non-remboursement risquait de précipiter le système bancaire international et l'économie mondiale dans des difficultés encore supérieures ; qu'il convenait en conséquence d'envoyer pardessus les moulins l'orthodoxie libérale du laisser-faire, laissez-passer et rechercher l'intervention économique des États.

Victoire de l'économie mixte à l'échelle internationale, la résolution signée au sommet de l'Arche, en juillet 1989 à Paris, a défini les procédures qui aideront les grandes banques privées à réduire les dettes des pays du tiers-monde, progressivement et au cas par cas : rachat de créances, avec une décote sur le modèle de la renégociation de la dette mexicaine ; émission d'obligations garantissant le remboursement de la créance dévalorisée ; baisse des taux d'intérêt pour alléger le service de la dette ; moratoire et rééchelonnement de toutes sortes. A quoi s'ajoute l'incitation à l'abandon pur et simple des créances publiques sur les pays les plus pauvres, pour les pays riches qui ne l'avaient pas déjà fait. Cette position indique la bonne direction. C'est une solution de compromis. Positive, parce qu'elle s'engage dans une perspective de dévalorisation contrôlée des créances douteuses, gagée sur les obligations émises par les États. Encore insuffisante, parce qu'on s'en remet en définitive au bon vouloir des banques pour régler le problème, et que rien ne prouve que, même fortement incitées, elles vont s'en acquitter.

Nous devons donc aller plus loin. Nous devons plaider pour la mise en place d'un système de fonds international de garantie des créances par émission de droits de tirage spéciaux (DTS). Les DTS seraient versés aux banques en compensation des dettes du tiers-monde ni payées ni provisionnées. Ils permettraient non seulement de régler la question de la dette, mais aussi celle de la stabilisation des cours des matières premières, du financement de l'aide au tiers-monde, de la stabilisation et de la modération des taux d'intérêt mondiaux. La Communauté européenne, avec l'autorité que lui donne son poids économique et politique, doit se battre (le mot n'est pas trop fort) dans les organisations financières mondiales et dans l'affrontement financier et commercial avec ses deux grands partenaires nord-américain et japonais pour que l'ordre mondial soit réorienté.

AIDER AU DÉCOLLAGE ÉCONOMIQUE ET ENCOURAGER LA DÉMOCRATIE

Rembourser progressivement les dettes du tiers-monde ne suffit pas. Il faut parallèlement tout mettre en œuvre pour assurer un environnement économique international qui donne leurs chances aux économies des pays en développement. Je pense, en particulier, aux échanges commerciaux pour lesquels les efforts du GATTT sont fondamentaux. A quoi sert de restructurer l'économie du Brésil, du Mexique, de l'Argentine, et d'apurer leurs dettes, si les produits de ces pays n'ont aucune chance de pénétrer sur nos marchés en raison du protectionnisme ?

Il faut aussi se soucier davantage de l'utilisation de l'aide occidentale, sinon on risque de payer pour rien. La méthode employée au sommet de l'Arche, décidant de financer tel projet précis – la lutte contre les inondations au Bangladesh par exemple – est la bonne. En tout cas le maintien d'une aide publique significative au développement devra demeurer une priorité au cours des prochaines années. L'objectif budgétaire de 0,7 % du PNB est loin d'être atteint. L'idéal serait, bien sûr, que le processus de désarmement s'accompagne d'une réaffectation, concertée au plan international, des crédits rendus disponibles pour l'aide au développement.

Dévaloriser ou annuler les dettes, accroître l'aide au développement, ouvrir davantage les grands marchés occidentaux aux produits des pays pauvres, contrôler la démographie, toutes ces actions indispensables demeureront partielles en l'absence d'une évolution profonde des régimes politiques. On a cru ou voulu croire trop longtemps que le développement économique pourait s'accommoder du maintien de régimes totalitaires, autocratiques ou à parti unique. Progressivement, l'opinion publique prend conscience du lien qui existe entre le sous-développement et l'arriération politique. La vague démocratique qui a touché les pays de l'Est a d'abord déferlé sur les pays en développement. L'aspiration au pluripartisme, la naissance d'une véritable démocratie sont désormais ressenties comme des préalables à toute politique de développement économique.

Nous devrons faire en sorte que les progrès de la démocratie aillent de pair avec les mesures économiques de soutien. Cela nous vaudra quelques frottements avec les dirigeants ici ou là ? Sans doute. Nous devons y être prêts. Nous ? La gauche bien sûr, la France dès lors que c'est sa tradition, l'Europe si l'on veut vraiment disposer d'assez de poids.

Faire l'Europe

Partout on a besoin de l'Europe, partout on la réclame. Y a-t-il plus grand dessein que celui-là ? Depuis des siècles, les nations d'Europe se font la guerre et se concurrencent durement. Au-dehors, chacune d'elles voit se développer de nouvelles puissances, de nouveaux concurrents. Ce n'est pas seulement l'économie qui est en jeu, mais aussi la culture, la recherche scientifique, la communication, l'influence, la sécurité. Or le continent européen rencontre sa chance. Développement économique, droits sociaux étendus, libertés respectées, chaque nation qui le compose doit pouvoir enfin vivre prospère et en paix. Tout cela dans la mesure où la construction de l'Europe – aujourd'hui communauté des Douze, demain peut-être Union politique au sein d'une Confédération européenne plus vaste – devient enfin possible. Pas étonnant dans ces conditions si, hormis la direction du PCF, le Front national et certains élus RPR, le projet de construction européenne rencontre un vaste assentiment.

Pourtant sous le consensus européen pointe aussi l'inquiétude, le scepticisme, parfois l'hostilité. Sentiment naturel devant un projet aussi vaste ? Plus que cela. L'inquiétude est fondée sur la crainte de voir les nations se dissoudre, sur le bilan possible d'un tel mariage, sur la puissance de l'Allemagne, sur l'impact qu'aura la construction européenne sur certaines couches sociales, professions ou régions qui se sentent menacées. La question est posée en particulier à la gauche et par la gauche. L'Europe qui jusqu'ici se bâtit est surtout l'Europe libérale, celle de la finance et des grandes entreprises, avec un zeste de « social » au moment des élections. Une fois réalisé, le grand marché des douze renforcera-t-il les chances d'une politique de gauche en Europe ? Voire même – en étant plus modeste – les préservera-t-il ? Je me pose souvent la question : quelle marge de manœuvre reste-t-il pour des gouvernements progressistes ? Bref, la gauche peut-elle faire autre chose que construire l'Europe, mais, ce faisant, ne détruit-elle pas ses propres perspectives ? Sommes-nous condamnés à choisir : ou le socialisme, ou l'Europe ?

Le procès instruit par certains contre la construction européenne repose sur des arguments plus précis, en particulier de nature économique. Première accusation : la procédure choisie pour accélérer l'allure serait une démission des responsables politiques. Constatant leur incapacité à harmoniser les règlements par la concertation, ils abandonnent au grand marché cette tâche. Les dégâts seront importants. Libres de leurs mouvements, les capitaux se placeront dans les pays où on les taxe le moins – Luxembourg, Grande-Bretagne – et ils s'investiront dans ceux où le coût du travail est le plus faible – Grèce, Espagne, Portugal, Irlande. Les pays à niveau social élevé seront pénalisés. L'harmonisation se fera par le bas, d'autant plus que dans toute l'Europe sévit la crise du syndicalisme salarié. Régression des droits sociaux et paupérisation de l'État : ce que Ronald Reagan et Margaret Thatcher n'ont pas obtenu directement par décision politique sera obtenu cette fois-ci indirectement par le truchement du marché.

D'autant plus, ajoutent les europessimistes, que la procédure choisie va être éprouvante pour la France. Avec une fiscalité élevée, une législation sociale avancée, notre pays aura beaucoup à faire pour retenir son épargne et attirer les capitaux étrangers. Simultanément, nous allons particulièrement souffrir de la concurrence allemande : lorsqu'elles sont sous-dimensionnées, sous-capitalisées, sous-mondialisées, non soutenues comme leurs concurrentes d'outre-Rhin par de grandes banques et des compagnies d'assurances, les entreprises françaises risquent de revivre sur le plan économique l'expérience saumâtre de la « drôle de guerre ». La preuve ? L'excédent commercial allemand vis-à-vis de l'étranger qui existe depuis 1952 – trente-huit ans ! –, qui a été multiplié par quatorze par rapport à 1980, atteint désormais chaque année plus de 500 milliards de francs. Le déficit commercial français, lui, persiste. Le déficit de la balance des biens manufacturés autres que militaires avec ce qui était la RFA atteint de 50 à 60 milliards de francs. Même avec les difficultés économiques passagères qu'entraînera l'unification, on laisse imaginer ce que sera le tableau de chasse du renard allemand dans le poulailler français ! Car sous couvert d'édification européenne, ne déploie-t-on pas le tapis rouge sous les pieds du capitalisme allemand ? Celui-ci se sent désormais à l'étroit dans la communauté des Douze, il est de moins en moins européen, de plus en plus mondialiste. L'unité allemande, à quoi s'ajoutent la Perestroïka soviétique, l'ouverture des marchés à l'Est, le néo-isolationnisme américain et l'agressivité japonaise, tout cela mènerait l'Europe à l'échec. Au bout du compte, la Communauté se révélerait être ce qu'elle est : une vaste zone de libre-échange qui serait en même temps une zone-mark. Notre choix serait des plus réduits : ou bien l'Europe terrain vague, ou bien l'Europe allemande... ou bien les deux en même temps.

Que l'heure de la Communauté européenne soit en réalité passée, concluent les europessimistes, on s'en doutait déjà un peu à travers le comportement des chefs d'entreprise toujours prêts à s'entre-déchirer entre voisins du marché commun, mais prompts à s'allier les uns contre les autres avec des multinationales américaines et japonaises. Échec du plan informatique européen (Unidata), en mai 1975, au profit d'un accord CII-Honeywell-Bull (États-Unis). Échec de l'alliance entre Philips et Thomson pour la fabrication du magnétoscope V 2000, mais alliance entre Thomson et le japonais JVC pour assembler en Europe le magnétoscope VHS. Levée de boucliers nationalistes, outre-Rhin, pour empêcher en 1982 le rachat de Grundig par Thomson. Accord Italtel-ATT (américain) dans les télécommunications en 1988, au détriment de Alcatel-NV (français). Le grand marché européen risque de mettre la France à l'heure du thatchérisme, sans même avoir l'excuse de prétendre accéder aux États-Unis d'Europe.

UNE NOUVELLE RUSE DE L'HISTOIRE

Aux europessimistes, aux europhobiques et aux eurosinistrés par avance il faut répondre. Oui, l'Europe est un risque, et même le plus grand que nous pouvons courir... à l'exception de tous les autres.

Car à peu près aucun des grands problèmes auxquels nous sommes confrontés ne trouve uniquement sa solution au niveau national : ni la maîtrise de la nouvelle révolution technologique, ni le rétablissement du plein-emploi, ni la sécurité, ni l'aide au développement du tiers-monde, la lutte contre la pollution ou contre la drogue. Les peuples d'Europe ne peuvent espérer demeurer sujets de l'histoire qu'à la condition de se donner un espace territorial, une dimension démographique, économique, culturelle à la hauteur des problèmes du temps. Gare au destin des cités grecques après les guerres du Péloponnèse : déclin, dépendance, assujettissement !

On voit bien ces difficultés dans le cas de la politique économique. Ce qu'on a désigné au début des années 80 comme la crise du keynésianisme ne tient pas à une faillite de l'idéologie. Elle renvoie surtout à l'exiguïté croissante des territoires où les gouvernements l'ont mise en pratique. Tout a changé d'échelle : les entreprises, les marchés, les technologies. Tout sauf l'État. Face à l'internationalisation de l'économie, les États-nations européens perdent progressivement leurs moyens d'action traditionnels : les taux d'intérêt, la valeur de la monnaie, les « grands équilibres » dépendent autant, sinon plus, de l'environnement international que de la politique nationale. La spectaculaire conversion de la droite française, interventionniste et keynésienne, au libéralisme n'a fait qu'entériner ce constat. L'édification de l'Europe restituerait un espace où l'action économique redevient possible.

L'histoire procède ainsi par ruses : c'est en unifiant et en « libéralisant » leur marché que les Européens peuvent recréer les conditions d'une politique économique efficace, comme elle a pu l'être dans les années 1950 et 1960 à l'échelle de chacun d'eux. On estime que dans cette hypothèse le degré de dépendance de la Communauté à l'égard de l'extérieur chuterait alors de 30 % à 11 %, soit le même pourcentage que les Américains. La sensibilité des taux d'intérêt européens aux fluctuations des taux d'intérêt étrangers serait bien moindre qu'aujourd'hui. Une monnaie européenne disposerait d'une marge de jeu accrue. Une politique de soutien communautaire pourrait renforcer la croissance engendrée par la création du grand marché. Celle-ci dégagerait des ressources permettant non seulement de développer les politiques d'accompagnement visant à amortir les chocs de la libération des échanges, mais aussi d'instituer progressivement un véritable État-providence à l'échelle communautaire. Loin d'être un abandon aux forces du marché, le pari européen s'inscrit au contraire dans une perspective de maîtrise de celles-ci. Revanche de la dialectique : pour contrôler ces forces, il faut d'abord les libérer, leur permettre de constituer un espace sur lequel le politique peut rétablir ses droits.

Deux scénarios se font donc face. Celui des europessimistes est statique. Il minimise l'existence en Europe d'un salariat puissant, cultivé et qualifié, organisé en dépit de la crise d'un certain syndicalisme, riche de traditions de lutte. Imaginer qu'un tel salariat se laissera imposer un nivellement par le bas de ses conditions de travail et d'existence ne tient pas compte des faits.

Le scénario de gauche vise, lui, à chevaucher le dynamisme du grand marché pour pratiquer une économie mixte au niveau communautaire. Dans les années 80, on ne pouvait relancer la construction européenne ni directement par sa dimension politique, ni par sa dimension militaire, mais seulement par sa dimension économique en parachevant l'unification de la CEE (ce fut la signature de l'Acte unique, en 1985). Le pari de la gauche, c'est que la puissance du salariat européen, sa présence organisée au sein des entreprises (syndicats) et des pays (partis socialistes et sociaux-démocrates) imposeront une séquence positive : avènement du grand marché ; construction de l'espace social européen ; institution d'une monnaie commune ; espaces juridique, culturel, éducatif européens ; institutions politiques communes.

Chimère ? Il est vrai qu'on n'a pas d'exemple, à ce jour, d'une fédération politique qui se soit constituée pacifiquement par accord contractuel entre ses parties. L'union douanière des principautés allemandes en 1833 n'a accouché de l'Empire, sous Bismarck en 1866-70, que par le fer et par le sang, dans la guerre avec les Habsbourg, puis avec la France. Les États-Unis d'Amérique ont eu besoin de la guerre de Sécession pour sceller leur unité. Tentée à plusieurs reprises, l'unification de l'Ancien Continent par la violence est heureusement devenue impossible. Son unification pacifique est difficile et elle exigera de la part des Européens une bonne dose de volontarisme. Ce n'est pas une raison pour baisser les bras. Après tout, l'État de droit, la Nation, la République eux aussi n'avaient pas de précédent et paraissaient improbables avant que la volonté des hommes ne les impose dans les faits !

Pour autant, cet élan européen ne peut en aucun cas être un élan aveugle. Pas question de signer un chèque en blanc à l'eurocratie ou de se prosterner devant une nouvelle idole – le Grand Marché – dans l'espoir que l'incantation suffira à résoudre nos maux. Il faut construire l'Europe comme Sakharov souhaitait qu'on soutienne le nouveau cours gorbatchévien : les yeux ouverts.

Car tout n'est pas nécessairement bon dans les cheminements proposés. Par exemple, lorsque la Commission de Bruxelles privilégie dans l'agriculture la productivité au détriment des exploitations familiales, lorsqu'elle retient une logique essentiellement financière sans intervenir avec assez de force pour équilibrer l'aménagement du territoire, diversifier les activités rurales et valoriser la nature, il faut résister. L'Europe financière galope, mais l'Europe sociale et culturelle marche au pas. Quant à l'Europe de la sécurité, elle est à l'arrêt.

Tout n'est pas bon non plus, loin de là, dans les mécanismes mis en œuvre. Le déficit démocratique de la Communauté n'est pas une invention de parlementaire aigri. L'eurocratie, c'est-à-dire la confiscation de nombreuses décisions par une technostructure bruxelloise sans légitimité démocratique, est un fait. Il existe plusieurs garde-fous : le Parlement européen, les Parlements nationaux, les gouvernements représentatifs, les syndicats, les opinions publiques. Il est urgent d'améliorer la situation : par un travail vraiment commun des syndicats européens entre eux et des partis de gauche ; par davantage de pouvoir au Parlement européen pour contrôler la Commission et disposer de plus d'initiative ; par des liens plus étroits entre les parlements nationaux et le parlement de Strasbourg afin que s'exerce un contrôle effectif sur la politique européenne de chaque gouvernement national. Parlementaires de tous les pays d'Europe, unissez-vous contre l'eurocratie ! Voilà des directions sur lesquelles les gouvernements doivent rapidement avancer, et les électeurs le cas échéant trancher.

COMMENT L'EUROPE ?

Le système monétaire européen a survécu au choc pétrolier de 1979, aux fluctuations du dollar, au krach boursier de 1987. Depuis 1985, il a été renforcé deux fois. En juin 1989, Jacques Delors a présenté un projet pour aller beaucoup plus loin, un processus en trois étapes qui doit conduire à une union économique et monétaire avec une banque centrale commune. La première étape est entrée en vigueur, comme prévu, le 1er juillet 1990. L'idée d'ensemble est forte : pour la France, mieux vaut appartenir à une zone ECU où elle pèse sur les décisions qu'à une zone Mark où elle les regarde prendre. Mais à mesure qu'on approche des autres étapes et que l'Allemagne devient plus dominatrice, je sens dans divers pays, dont le nôtre, l'enthousiasme baisser de plusieurs crans.

Dans certains autres domaines, des progrès significatifs

ont eu lieu : la coopération technologique avec le projet Euréka, auquel participent dix-huit pays européens ; l'Agence spatiale européenne, qui produit les lanceurs Ariane ; le CERN (Centre européen de recherche nucléaire) qui réunit à Genève d'excellents chercheurs de la Communauté, de la Norvègc, de la Suède, de la Suisse, dans son laboratoire de physique des particules ; le JET (Joint European Torus), dispositif expérimental de recherche sur la fusion nucléaire... Tout cela avance. Dans le même temps, les programmes Comett et Erasmus permettent de développer des échanges d'étudiants entre pays.

En revanche, en matière sociale on tire carrément au renard. En 1986 et 1987, les partenaires sociaux avaient adopté, pour la première fois dans l'histoire de la CEE, deux avis communs, en vue d'influer sur les négociations conduites dans les pays membres. Au printemps 1989, le Conseil des ministres a été saisi d'un projet de directive sur la nouvelle société anonyme de droit européen, prévoyant une participation des travailleurs « à la carte » : cogestion à l'allemande, participation selon les systèmes nordiques, représentation par l'intermédiaire des comités d'entreprise comme en France ou en Belgique. Bilan global : on n'avance quasiment pas. Une charte des droits sociaux fondamentaux garantissant les droits minimaux des travailleurs dans les pays de la Communauté est seulement en discussion, au niveau des ministres du Travail. Pendant la campagne pour les élections européennes en 1989, je n'ai cessé de plaider pour l'Europe sociale : extension des droits des salariés, revenu minimum d'insertion dans chaque pays, vote à la majorité et non plus à l'unanimité pour les questions sociales, etc. Il faut maintenir l'exigence. Elle est indispensable. Jusqu'ici l'Europe sociale est largement un faux-semblant.

Comment faire alors, comment agir pour que ces carences soient corrigées ? Pour que l'Europe des banques ne soit pas terminée – si elle ne l'est pas déjà – alors que nous en serons encore, nous, à l'Europe des banquets ?

Sur la conception à mettre en œuvre, nos idées sont précises. Nous ne voulons pas d'une zone de libre-échange, de l'Europe que j'appelle terrain vague : nous voulons une vraie communauté, au sens originel du terme. Par exemple, le traité de Rome a reconnu la compétence de la Communauté en matière de commerce extérieur, mais on n'a jusqu'ici abordé au niveau communautaire que les problèmes d'accès à notre marché commun. Or une véritable politique commerciale extérieure est nécessaire. L'Europe est la première puissance commerciale du monde, nous n'en tirons pas assez parti. De même, si dans chacun de nos pays des structures d'économie mixte permettent à la puissance publique d'encadrer et de promouvoir des actions de longue durée et d'intérêt général, au niveau européen seule la CECA peut intervenir de la sorte et la Communauté, elle, est dépourvue de telles facilités : il faut y remédier. Autre exemple : capital et management se préparent à acquérir la dimension européenne sans attendre l'échéance de 1993. Rien, en revanche, n'est prévu pour que les salariés puissent s'exprimer vraiment à ce niveau, et pour le moment toute directive européenne sur le sujet doit et peut être adoptée à l'unanimité : cette règle doit et peut être modifiée.

Je serai encore plus net. Les actions continuent pour la plupart à n'être examinées et gérées qu'en fonction de critères techniques, commerciaux, voire économiques. Trop souvent absence de vision politique et, je l'ai dit, carence démocratique. Cette orientation ne peut pas durablement être acceptée par les forces de gauche. Elle le peut d'autant moins que l'union monétaire va impliquer l'adoption de politiques monétaires et budgétaires convergentes, ce qui va – quoi qu'on prétende – préjuger les politiques fiscales, économiques et financières des États membres. Je suis hostile à ce qu'on laisse à un organe technique le droit d'en décider sans encadrement politique, sans contrôle démocratique, sans par conséquent que les intérêts de tous et les visions à moyen et long terme soient pris en compte. Conclusion : il est vital que la Communauté se transforme en union politique et c'est à l'échelle de l'union politique que nous devons faire prévaloir nos orientations. Car autant notre approche de gauche est condamnée si c'est l'eurocratie bruxelloise qui continue de décider, autant nos orientations retrouvent du poids si les peuples eux-mêmes, les opinions publiques, les formations politiques, les forces syndicales, les partenaires sociaux ont leur mot à dire dans les grands choix. La réorientation de la Communauté est indispensable. Nous savons qu'elle sera difficile. Elle n'est possible que si le politique reprend rapidement le dessus. Je plaide pour cet europrojet de l'eurogauche.

Sur beaucoup de points la clé de la situation résidera dans les relations franco-allemandes. Après la destruction du mur de Berlin en novembre 1989, la marche vers l'unification de l'Allemagne a été très rapide. Chacun s'est mis d'accord sur la reconnaissance de la frontière germano-polonaise et l'entrée de l'Allemagne unifiée dans l'OTAN. L'union est réalisée. Faut-il la craindre ? Faut-il craindre l'Allemagne ? Voilà la grande question posée.

Elle n'est pas posée que par des âmes frileuses. Ici et là, en France et dans d'autres pays d'Europe l'inquiétude monte. On rappelle l'histoire des siècles passés, celle d'une Allemagne souvent expansionniste et belliqueuse. Même s'ils n'évoquent pas nécessairement Bismarck ou Hitler, beaucoup redoutent que l'Allemagne ne domine le continent par sa puissance économique, comme elle tentait de le dominer hier par sa puissance militaire. La Bundesbank remplacera la Bundeswehr et le taux de change le casque à pointe. L'Allemagne unie représente dans la Communauté 15 % de la superficie, 25 % de la population active, 30 % du PNB, 31 % des exportations vers l'OCDE. Qui empêchera que l'Europe ne devienne une vaste zone de sujétion économique allemande ?

Personnellement, je ne crois pas que la novation la plus forte soit dans la puissance économique de l'Allemagne, qui déjà, d'une certaine manière, additionnait les deux rives de l'Elbe. La principale novation est la puissance politique de l'Allemagne, sa souveraineté retrouvée. C'est elle qui entraînera de grandes conséquences. Le danger aujourd'hui n'est pas seulement celui d'une Communauté européenne dominée par l'Allemagne. C'est aussi celui d'une Allemagne détournée de la Communauté pour suivre sa ligne de pente à l'Est et préférer des ambitions mondiales. En 1954, au moment du débat sur la CED, Pierre Mendès France s'exprimait en ces termes : « Pouvons-nous, parce que la perspective d'un réarmement de l'Allemagne est pénible, parce que dire oui est cruel, parce que dire non n'est pas réaliste, tergiverser indéfiniment ? Un grand pays ne peut se voiler la face devant une option déplaisante : il doit l'affronter, il doit choisir. Le choix pour nous aujourd'hui est entre un réarmement de l'Allemagne que nous pourrions encore surveiller et un réarmement qui échapperait à tout contrôle de notre part. » En 1954, il n'était pas réaliste que l'Allemagne demeurât longtemps étrangère à sa défense, il n'est pas réaliste aujourd'hui qu'elle demeure étrangère à son destin national.

Et pourtant : qu'une foule en liesse agite des drapeaux allemands pour accueillir ses footballeurs victorieux après la Coupe du monde de juillet 1990, aussitôt l'on ressort des greniers les images des années 30. Les mêmes drapeaux, mais anglais, italiens ou français, eussent semblé à chacun naturels. Eh bien, oui, il faut accepter cette renaissance nationale. L'Allemagne ne pouvait pas être condamnée éternellement à une dignité limitée. Ce n'est dans la logique ni des choses ni des peuples. Les Allemands savent ce qu'est la barbarie. Ils savent combien ce passé leur crée des obligations particulières. Une période terrible a commencé en 1933, qui aura vu successivement les horreurs de la guerre et la terreur des camps, la coupure de l'Europe en deux et notamment celle de l'Allemagne, enfin la guerre froide. Nous devons, sans rien perdre de notre mémoire, admettre que cette période est désormais close, pour l'Allemagne et pour l'Europe entière.

Je me souviens d'une visite que je fis à Honecker en 1985 alors qu'il dirigeait l'Allemagne de l'Est. Petit homme glacé, la peau blanche, le costume volontairement terne, le regard dissimulé derrière de grosses lunettes, il essayait de justifier à chaque instant ses positions, ses décisions par la lutte contre le nazisme menée quarante-cinq ans plus tôt. « Et l'unification, lui demandai-je, elle est possible ? – Non. – Et si malgré tout ?... – Alors, ce sera la guerre. » Ces cinq mots, il les prononça comme cela, à voix basse, tranquillement. La scène est très présente dans mon esprit. C'était il y a seulement cinq ans, j'ai l'impression qu'un siècle s'est écoulé !

Le choix pour nous est entre une unité allemande durablement dans le cadre de la Communauté et une unité de l'Allemagne sans – voire contre – ses partenaires. Par la géographie, nous sommes placés à la charnière avec l'Europe du Sud (Espagne, Italie, Portugal), qui représente un contrepoids important. C'est à la France, pour une bonne part, d'empêcher semblable dérive qui n'est ni notre intérêt ni celui de nos voisins. Au début de la construction européenne, du temps du général de Gaulle, l'Allemagne ne ménageait pas ses efforts pour retenir la France dans le navire européen. Puis vinrent les années d'équilibre où – un seul lit, un seul rêve – le couple franco-allemand poursuivait les mêmes objectifs. Aujourd'hui, nous nous trouvons dans une configuration inversée par rapport aux premières heures de la Communauté : l'Allemagne est sans doute tentée par l'échappée, nous devons lui rappeler l'intérêt du peloton. Une Europe où l'Allemagne sera plus puissante a besoin d'une France plus forte pour conserver son équilibre. Depuis les années 70, l'Allemagne regarde au-delà de l'Elbe. Mais aujourd'hui, comme hier, elle ne pourra poser sur ces régions de regard stable qu'habitée par la certitude d'une alliance sûre à l'Ouest. Le retrait progressif des États-Unis donne à la contre-assurance française une valeur plus grande encore que par le passé. Entre l'Allemagne et ses principaux partenaires dans l'union, en premier lieu la France, devra être mise en place une structure conventionnelle intégrée d'armement et de sécurité. L'Allemagne acceptera-t-elle cette contrainte ? Il faut clairement l'interroger.

Car aussi européen soit-on, et je le suis, n'est-il pas légitime de poser au moins cette question : pourquoi la France partagerait-elle sa souveraineté dans le domaine monétaire – et par conséquent dans les domaines dérivés – si le principal acteur du jeu monétaire n'acceptait pas, ailleurs, d'autres partages de sa propre souveraineté ?

Depuis des siècles on pensait avec Hobbes et Clausewitz que l'état de nature régirait éternellement les rapports entre les Nations. Au sein de chacune d'elles, les peuples avaient inventé des formes de pacification des relations sociales – le droit, l'État – qui permettaient de renoncer à la violence des armes entre compatriotes. Mais entre Nations, les relations restaient placées sous le signe de la force : la politique s'y poursuivait par le moyen de la guerre. La gauche était pacifique, mais guère écoutée.

La réconciliation américano-soviétique peut dessiner une césure, non seulement dans l'histoire de ces dernières années, mais dans l'histoire tout court. Le risque de guerre n'est pas écarté. Mais si la société internationale sait agir avec assez de fermeté, de cohésion et d'imagination, la conquête territoriale par la force peut être enfin mise hors la loi. L'existence d'une grande puissance à dessein idéologique – l'URSS – contredisait ces règles du jeu nouvelles. Voilà qu'elle paraît désormais vouloir respecter la règle commune.

Fermeté, cohésion et imagination : assurément il en faudra pour passer du pressentiment qu'un nouvel ordre mondial est possible à sa réalisation durable. Le chemin à suivre est ambitieux : quand les problèmes sont devenus internationaux, les solutions ne peuvent plus rester strictement nationales. Cette mondialisation nécessaire de l'action vaut pour la lutte contre le surarmement, la pollution ou la faim, comme elle vaut pour le contrôle des manipulations génétiques ou pour le combat contre les multinationales de la drogue. L'Organisation des Nations unies n'a pas encore été adaptée à ces tâches. Il le faudra : normes mondiales, incitations mondiales, sanctions mondiales, organisations mondiales. L'idée d'un gouvernement mondial peut paraître aujourd'hui lointaine et naïve. Il faudra pourtant qu'au moins dans un certain nombre de domaines capitaux pour la survie de l'espèce humaine des autorités mondiales soient mises en place, souvent avec des relais régionaux.

Est-ce à dire que notre pays, en lui-même, n'aurait plus de rôle à jouer ? On voit tout de suite l'argument. La France, au cours des derniers siècles, n'aurait que trop défrayé la chronique. Elle devrait donc cesser de se prendre pour la Nation élue, appelée à délivrer un message au monde. A d'autres l'exaltant mais coûteux privilège d'être en charge de l'Histoire. Nous devrions accepter de déléguer les premiers rôles et nous contenter à l'avenir de jouer notre partition dans le concert des nations occidentales. Sur cette vision, je ne suis pas, mais pas du tout d'accord. Pour mille raisons et notamment parce que la résignation au statut de nation moyenne, vivant paisiblement à l'ombre des empires, l'accès rétrospectif à ce que Brejnev appelait « la souveraineté limitée », ferait planer à terme sur nous le risque d'une subordination, d'un assujettissement généralisé, surtout dans notre situation géo-politique.

En revanche, je suis convaincu que dans plusieurs domaines la souveraineté perdue au plan national peut se regagner à l'échelon européen. Ce que chacun séparément nous ne pouvons plus faire, tous ensemble nous le pouvons. C'est ici que la dialectique intervient : l'affirmation de l'indépendance passe par la construction de nouvelles solidarités.

Cela ne veut pas dire que nous serions partisans de je ne sais quelle dissolution de la nation française dans un magma occidental. Je suis persuadé que les hommes ont besoin d'un lien social entre l'humanité et l'individu, plus vaste que la famille, la cité, la région. La mondialisation, l'interdépendance, la montée de l'individualisme moderne n'atténuent pas, mais au contraire renforcent ce besoin d'identification de chacun avec ce qu'Edgar Morin appelle « un grand Être historique vivant ». La Nation est aujourd'hui un des facteurs les plus puissants d'identité et d'unité en Europe. Si on l'oubliait, on risquerait « par manque de Nation » d'alimenter des réactions nationalistes graves. Nous voulons non pas la fusion, la dissolution de la France dans l'Europe, mais la France et l'Europe, une France épanouie dans une Europe rassemblée.

La tâche internationale de la gauche est claire : doter la

société universelle des moyens de régler pacifiquement les conflits, notamment par le renforcement des instances internationales et par l'appui au désarmement ; agir inlassablement pour un rééquilibrage des chances et des droits de chaque région, de chaque nation ; soutenir partout le double combat de la démocratie et du développement. Là est notre intérêt bien compris, là est aussi notre devoir moral. On pourra parler alors, vraiment, d'un Nouvel Ordre mondial.

CHAPITRE VI

Quel avenir pour le PS ?

Si l'on jugeait le Parti socialiste sur ses seules capacités à conquérir, exercer, conserver le pouvoir et à sélectionner un personnel politique de qualité, le PS pourrait être relativement satisfait.

Quel chemin parcouru, en effet, depuis ce mois de mai 1969 où le candidat socialiste aux présidentielles n'engrangeait que 5 % des suffrages ! Sous la direction de François Mitterrand, le PS d'Épinay a volé de victoire en victoire. L'accession des socialistes aux responsabilités, en 1981, devait être, annonçaient certains, une « parenthèse » préparant trente ans de droite. Ce fut au contraire le retour éphémère de celle-ci, en 1986, qui tint lieu de parenthèse. Après un premier mandat commencé au plus fort de la crise, le président de la République est réélu en mai 1988. Aux législatives de juin, le PS obtient 37 % des voix et – avec 252 élus – une majorité relative certes, mais solide à l'Assemblée nationale. Quant aux personnalités politiques de talent, elles ne manquent pas au PS. Seuls des esprits chagrins pourraient considérer d'un œil maussade la machine politique qui, depuis près de vingt ans, produit de pareils résultats.

Et pourtant il faut regarder plus attentivement. Les deux victoires présidentielles de 1981 et 1988 sont dues d'abord – personne n'en disconviendra – à l'exceptionnel talent de François Mitterrand et à la division de la droite. Sauf dans la foulée législative de l'échéance présidentielle, le PS a beaucoup de mal à dépasser les 32 % de voix. La gauche reste minoritaire par rapport à la droite lors de la plupart des élections, y compris lors du succès municipal de mars 1989. Des victoires électorales, oui ; une hégémonie politique, non.

De plus, ce n'est pas sur les seuls critères des performances électorales et de la sélection des responsables qu'on doit apprécier un parti socialiste. Un parti conservateur peut avoir pour seule ambition d'occuper les responsabilités, d'accumuler les mandats. Un parti socialiste, c'est-à-dire selon l'expression de Jaurès « le représentant du monde du travail dans les institutions de la République », y perdrait vite son âme, et à terme le pouvoir. Sa raison d'être n'est pas la gestion, même avisée, de l'ordre établi, mais sa transformation progressive vers plus de bien-être, de justice, de liberté, de solidarité, de culture... ce qui n'exclut pas la capacité de gestion, au contraire. Un parti est un instrument politique, un moyen au service d'une fin. Son système d'organisation est déterminé par son projet. Et le véritable projet d'un parti politique, fort différent parfois de celui qu'il déclare, se lit à livre ouvert dans son système d'organisation : voyez le PCF. Il est essentiel de savoir la fonction que ce parti s'assigne et assume réellement dans la société. Un parti de conservation sociale ne s'organise pas comme un parti de réforme sociale, un parti qui vise à représenter « ceux d'en bas » ne s'organise pas de la même manière qu'un parti qui exprime les groupes dominants. Si le PS veut être l'instrument de la modernisation démocratique de notre société, son organisation doit être conçue en conséquence. C'est à partir de son travail de réforme que se dresse, en fin de compte, son bilan. On conviendra que sur ce point beaucoup reste à faire.

Quatre fonctions

Quatre fonctions incombent à un parti qui se veut, non de simple gestion, mais de transformation sociale.

La première est celle qu'on appelait autrefois sa fonction idéologique, ou théorique, ou encore intellectuelle : on ne peut transformer que ce que l'on connaît et comprend. Un parti socialiste doit s'efforcer d'élaborer (et de populariser) une représentation aussi exacte que possible de la société dans laquelle il agit et des moyens de sa transformation. Les citoyens, en particulier ceux que le PS représente au premier chef, le monde du travail et des exclus, ont besoin de repères. Ils ont besoin de savoir d'où ils viennent et où ils vont. Ils ont besoin de se représenter leur société, ses enjeux, ses conflits, ses devenirs possibles, son avenir souhaitable. Si le présent est obscur et l'avenir opaque, « ceux d'en bas » oscillent entre le repli sur soi et les accès de colère sans perspective ni lendemain. Un parti socialiste doit proposer à la gauche, en l'élaborant avec elle, un projet mobilisateur, une figure de la société désirable, capable de soulever l'énergie, voire l'enthousiasme, en un projet commun.

J'ai conscience que ce propos peut paraître aujourd'hui incongru : les idéologies n'ont-elles pas rendu l'âme ? Celles qui susbsistent ne sont-elles pas dépassées ou dangereuses ? Si je me permets de passer outre, c'est que, élu depuis plus de dix ans du Grand Quevilly – une des circonscriptions les plus ouvrières de France –, je suis convaincu que les salariés sont prêts à faire confiance au PS, mais pas magiquement, qu'ils ont reçu beaucoup de coups, subi pas mal de déceptions, qu'ils souhaitent apporter leurs idées, recevoir des idées, échanger, pour disposer en fin de compte, afin de s'orienter, d'une bonne carte et d'une boussole, et que c'est une des fonctions d'un parti socialiste d'essayer de les leur fournir en étant ce laboratoire d'idées. Cette fonction idéologique ou théorique – qui doit refuser tout sectarisme –, le parti socialiste la partage avec les intellectuels, les syndicalistes, les militants associatifs. Mais candidat à l'exercice du pouvoir d'État, il peut plus aisément que d'autres embrasser un point de vue d'ensemble, procéder aux synthèses nécessaires.

La deuxième fonction d'un parti socialiste est d'élaboration programmatique et de direction politique. Un projet de transformation sociale s'inscrit dans la longue durée, sa réalisation exige des décennies, voire davantage. Mais à tout moment, il s'incarne dans un ensemble de mesures concrètes, d'objectifs partiels : lois Auroux, décentralisation, abolition de la peine de mort et des juridictions d'exception, Acte unique européen, loi Roudy sur l'égalité professionnelle des femmes, revenu minimum d'insertion... Ainsi s'effectue au jour le jour le travail par lequel un projet de société à long terme entre dans les faits. Sans perspective d'ensemble, tout vaut tout et la méfiance désabusée devient la règle ; à l'inverse, sans réalisations concrètes, ponctuelles, qui incarnent une perspective, la politique se réduit à un déluge de mots, à une logorrhée mâtinée d'intrigue qui ne mérite pas l'intérêt. La politique est un art tout d'exécution. Un parti socialiste doit savoir réaliser le maximum de réformes compatibles avec les contraintes du moment.

La troisième fonction concerne la sélection et l'élection du personnel dirigeant. Le projet et le programme d'un parti existent pour être appliqués et toute politique s'incarne dans des personnes. Je connais le refrain sur le caractère regrettable de la personnalisation des débats. Mais on n'a jamais vu d'idée politique trotter toute seule sur ses petites jambes ! En démocratie représentative, le passage à l'acte s'effectue au moyen de la conquête de mandats électifs. Sélectionner de bons candidats aux divers mandats, leur donnner les moyens de la victoire dans la compétition électorale, les former à la gestion et à l'exercice du pouvoir, telle est la fonction la plus connue des partis. De la façon dont elle est assumée dépend la qualité de la démocratie. Que le choix soit étroit, et la démocratie est tronquée ; que le personnel politique soit médiocre, fanatique ou corrompu, et la démocratie est malade.

La quatrième fonction est sa capacité organisatrice, d'expression et de réseau (on dirait, dans un autre contexte, « tribunitienne »). Un parti de transformation sociale ne peut pas se borner à camper au cœur des institutions politiques, en ne s'intéressant que de loin à la société civile, le temps des élections. Celles-ci sont des instruments de mesure, des baromètres qui enregistrent l'état de l'opinion à un instant donné, photographient un rapport de forces politiques qui se forme et se transforme en dehors d'elles, dans la vie de tous les jours. Ce sont les mouvements sociaux et leur expression organisée – syndicats, groupes de pression, associations… – qui constituent les lieux de ces évolutions. La puissance d'un parti socialiste, sa solidité dépendent beaucoup de son implantation au sein d'un ensemble d'associations populaires – syndicats professionnels, mouvement de parents d'élèves, de consommateurs, de locataires, de défense de l'environnement, de loisirs, de culture… – qui rassemblent la population et contribuent à forger ses attitudes et ses opinions. Il doit y être très présent, capable d'exprimer les besoins, les propositions, les critiques, les appels de la population.

A cet égard, on oppose classiquement les social-démocraties du Nord, liées à un dense réseau d'organisations populaires – en premier lieu les syndicats –, aux partis socialistes d'Europe latine, davantage confinés à la société politique. Et il est vrai qu'en France, en Italie, ce sont principalement les partis communistes qui ont assumé la fonction tribunitienne de la gauche, les socialistes se contentant surtout d'un lien de représentation aux divers niveaux de l'appareil d'État. Mais précisément, la crise d'agonie du communisme occidental rend caduque cette ancienne division des tâches. En France, notamment, le Parti communiste en régression assume de moins en moins ces fonctions d'animation des mouvements sociaux et d'irrigation du tissu associatif. Au PS la responsabilité de prendre l'indispensable relève !

Or si le PS est devenu et de loin la principale formation politique de la gauche et le premier parti de France, sa prépondérance ne vaut que pour la troisième fonction – performance électorale et sélection du personnel politique. Sa capacité « programmatique », elle aussi, est réelle. Mais pour les autres fonctions – idéologique et « tribunitienne » –, il reste marqué par son long passé de force dominée, lorsqu'il n'était que la principale formation de la « gauche non communiste ». Sa force électorale ne s'accompagne pas, il s'en faut de beaucoup, d'une suffisante capacité idéologique, militante, et d'organisation. Une hégémonie essentiellement électorale est fragile et réversible. Alors que des dissensions internes le guettent, et pour peu que la droite moderniste parvienne à surmonter les siennes, le risque existe que le « soufflé socialiste » ne retombe comme il est monté.

De toute façon, l'essor de l'abstentionnisme, la poussée spectaculaire du vote écologiste, celle, inquiétante, du Front national, la modestie du rapport de forces gauche-droite doivent empêcher toute autosatisfaction et servir de clignotants.

Le parti électoralement dominant de la gauche doit pouvoir remplir les fonctions d'un grand parti social-démocrate moderne dans la société. D'abord, parce que ces fonctions répondent à une vraie demande et à de vrais besoins. Si le PS les néglige, d'autres partis à clientèle populaire trouveront (ou retrouveront) un espace politique, en même temps que progresseront la dépolitisation, le repli individualiste sur la sphère privée, les corporatismes. L'extrême droite se nourrit de la faiblesse des partis traditionnels, de leur manque d'implantation en profondeur, de leur discrédit. Ensuite ces fonctions forment un tout, sont étroitement solidaires. Pour s'acquitter convenablement de l'une, il faut s'acquitter des autres. Pour être vraiment une machine électorale efficace, il faut constituer un centre de production intellectuelle et programmatique, savoir communiquer, être présent et actif dans les lieux où se rencontrent les leaders spontanés de l'opinion populaire.

Les succès accumulés par le PS depuis le congrès d'Épinay en 1971 ouvrent une nouvelle étape de son histoire, le confrontent à un nouveau défi: Saura-t-il retrouver dans la majorité le même dynamisme qu'il avait avant 1981 dans l'opposition ? Saura-t-il transformer l'essai, consolider l'acquis en se transformant lui-même, de parti électoralement dominant, en parti réellement dominant dans la gauche et la société française ? Telle est la question centrale posée aujourd'hui au PS.

Cette transformation exige au moins trois changements :

– *une mutation idéologique et politique :* l'idéologie des années 70, celle qui inspire le programme « changer la vie », a été modifiée en 1983, mais malgré la nouvelle déclaration de principe adoptée au congrès de Rennes en 1990, on n'a pas dit clairement ce que l'on mettait à sa place. Une partie de la gauche et des militants socialistes en ont conclu que le PS s'était incliné devant l'idéologie libérale, et en éprouvent un malaise. Redéfinir une identité, un projet socialiste, distinct à la fois du projet des années 70, marqué par la vulgate marxiste, et de la vogue libérale des années 80, constitue une nécessité d'ailleurs nullement hors de portée. Ces réflexions en fournissent certains éléments ;

– *une mutation des pratiques militantes :* le PS ne peut être « une association d'élus entourés d'aspirants à l'élection », il doit s'investir davantage dans les mouvements sociaux et dans le tissu associatif. Agir non pas seulement dans le système politique, mais dans la société civile : syndicats, mouvements sociaux, associations, coopératives, mutuelles… Sur ce terrain, il a de grands progrès à accomplir ;

– *une mutation d'organisation :* il faut renforcer l'efficacité de la machine PS, sa capacité à écouter (ses militants et la population), à produire des idées (en liaison avec les intellectuels), à élaborer des propositions de réformes (en liaison avec les militants syndicalistes et associatifs, ainsi qu'avec les autres partis de gauche européens), à défendre et à populariser des valeurs. Il s'agit de transformer peu à peu le PS en parti de masse, ouvert, accueillant… Ce qui – on en conviendra – impose de notables améliorations.

Crise des partis ou crise de la représentation ?

Au plus fort de la grève des infirmières, à l'automne 1988, Louis Mermaz constatait avec humour : « La classe politique tout entière est à l'hôpital : le PCF est en réanimation, le RPR et l'UDF en traumatologie, le PS en observation. » Avec le congrès de Rennes, qui n'a pas créé les problèmes mais en a largement été le révélateur, le PS est passé lui aussi en traumatologie.

De tous côtés, on nous dit qu'un fossé s'est creusé entre la société politique et la société civile, entre les appareils de partis et la population, et qu'il en résulte une crise de la représentation, dont la percée du vote Le Pen, la montée de l'abstention et celle des Verts sont autant d'indices. Ce diagnostic appelle évidemment un remède. Puisque fossé il y a, il convient de le combler : les « politiques » doivent « se mettre à l'écoute de la société civile », accorder davantage d'attention à ses préoccupations, s'ouvrir à ses représentants en leur accordant une large place au gouvernement. Personnellement, je n'aime pas beaucoup cette opposition « société civile-société politique », mais j'estime qu'on ne peut pas éluder les questions qui sont posées aux « responsables » sur leur rôle et sur la façon dont ils l'exercent, questions posées à cet « ils » dont parle la population, qu'on voit à la télévision, dans les assemblées, les conseils, et qui sont à des titres divers nos représentants. Car quelque chose comme une crise de la représentation existe bien. Encore faut-il en prendre l'exacte mesure. Et en dégager les vraies causes.

La crise de la représentation ne se limite pas à la représentation politique. Elle affecte tout autant la société civile, comme l'atteste la floraison des « coordinations » d'infirmières, d'enseignants, de salariés de la RATP ou de la SNCF… Ce n'est pas simplement entre la société civile et la société politique qu'une distance s'est creusée, c'est entre représentants en général (politiques, syndicaux, associatifs) et représentés. Les seconds se reconnaissent moins que par le passé dans les premiers, obéissent moins à leurs consignes, leur contestent davantage le droit de parler en leur nom. La relation entre représentants et représentés a changé.

Longtemps elle a été un rapport d'identification, d'adhésion inconditionnelle. Les électeurs – notamment populaires – se reconnaissaient dans un parti, les salariés dans un syndicat, ils lui restaient fidèles, souvent de génération en génération, suivaient ses mots d'ordre, appliquaient sa discipline. Leur adhésion constituait un élément de leur identité. Le représenté moderne, plus cultivé, plus qualifié, plus sceptique aussi quant à la science et à la puissance des « dirigeants » qui parlent en son nom, plus individualiste en un mot, entretient avec les divers représentants un rapport non plus d'indentification, mais d'instrumentalisation. On a vu en décembre 1986 le mouvement démocratique des étudiants se donner comme représentants des militants trotskistes – compte tenu de leurs qualités d'organisateurs et d'orateurs –, mais leur imposer de refouler leur folklore bolchevik (drapeaux rouges, etc.) et leurs mots d'ordre révolutionnaires pour se comporter en stricts opérateurs techniques du mouvement. On a vu des cheminots, des infirmières – en désaccord avec la tactique syndicale des journées d'action de vingt-quatre heures à répétition – déclencher et organiser leur propre grève illimitée, au nez des syndicats, tout en recourant aux moyens et aux services de ceux-ci : dépôt de préavis de grève, négociations avec la direction, logistique matérielle. Ainsi on constate des attitudes électorales de plus en plus indépendantes des consignes des appareils, et cherchant au contraire un résultat susceptible de limiter leurs prétentions.

Les nouveaux paramètres de l'action politique

La crise de la représentation qui affecte toutes les démocraties occidentales (et constitue une dimension et un symptôme de la crise de ces démocraties elles-mêmes) ne relève pas d'une explication simple : l'absorption de la classe politique dans ses jeux internes, au détriment des problèmes de fond et du contact avec les électeurs. Elle relève de plusieurs causes.

1. L'effondrement des grandes idéologies des XIXe et XXe siècles – communisme et socialisme révolutionnaires à gauche ; nationalisme, catholicisme à droite. Ce tassement réduit l'emprise idéologique des partis sur leur électorat. Il entraîne un rapport plus utilitaire, donc conditionnel, circonscrit, réversible, entre les appareils des partis et leur base électorale.

A l'origine, la politique a bénéficié de ce qu'on a appelé la sécularisation de la foi. Le mouvement ouvrier européen se caractérisait par une forte dose de messianisme. Déchristianisée et opprimée, la classe ouvrière investissait son besoin de transcendance dans de grandes religions de salut terrestre, dont le marxisme a constitué le type le plus achevé. Les partis socialistes et communistes puisaient leur force à cette source d'énergie et présentaient, à certains égards, les traits d'une Église. Analogie particulièrement frappante dans le cas de l'Internationale communiste, avec son Dieu, ses grands apôtres, son dogme, son rituel, ses villes saintes, son Inquisition, ses hérésies et ses procès en sorcellerie.

Aujourd'hui, les grandes religions laïques sont victimes d'une crise d'incrédulité. Le peuple de gauche est devenu agnostique. Il ne croit plus à la possibilité d'édifier la Cité céleste sur Terre. Il doute de l'existence même d'une « bonne société ». Il n'attend pas des politiques qu'ils accouchent du meilleur des mondes, mais qu'ils évitent le pire. Cet agnosticisme modifie ses rapports avec la politique et avec les organisations représentant le monde du travail. L'autorité des partis et syndicats sur leur base devient de plus en plus « rationnelle » : loin de leur obéir aveuglément, la base cherche à les utiliser pour ses propres objectifs. Parfois même, elle va plus loin, c'est-à-dire carrément s'en va : « Si vraiment – comme on nous le répète – il n'existe pas de marge de manœuvre, alors à quoi bon s'engager ? »

Certains profitent de cette désacralisation, y réagissant parfois par une « sursacralisation ». Voyez les déplacements de Jean-Marie Le Pen qui s'accompagnent, dans l'odeur de l'encens, de fastes religieux ostentatoires. Bannières intégristes claquant au vent, des évêques schismatiques ou excommuniés, postés en sentinelle d'une pensée moralisatrice à courte vue, prononcent des offices interdits que rythment des Te Deum à profusion. Quitte à faire le coup de poing dans les églises, les nouveaux croisés de l'extrême droite se font brebis dociles sur les routes de Chartres. A l'heure où l'Islam est la deuxième religion du pays, la France retrouve Charles Martel, Saint Louis et les croisades. L'anachronisme ne craint pas les siècles.

2. La montée de l'individualisme moderne, conséquence à la fois – on l'a vu – de la généralisation de la production marchande au cours des « trente glorieuses » et des progrès de la démocratie. L'individualisme moderne récuse toute autorité – qu'elle émane de la Tradition, de la Religion, de l'Idéologie, de la Hiérarchie... – et érige l'individu lui-même en source de toute norme et de toute conduite. Aux injonctions des Églises, des partis, des syndicats, il oppose son « quant-à-soi ». L'opinion est capable de grands mouvements de générosité, de beaux élans, mais beaucoup moins d'adhésions longues, discrètes, patientes. La politique fait alors place à *« l'égologie »*.

3. L'activité politique est devenue un métier à plein temps, hautement qualifié. Elle se professionnalise. Les amateurs éclairés et les bénévoles n'ont pas disparu, ils sont repoussés au second plan. Après la sphère domestique, les rapports marchands envahissent l'univers politique. Les entreprises d'affichage se substituent de plus en plus – surtout à droite, mais pas seulement – aux colleurs d'antan ; les entreprises de portage, aux diffuseurs de tracts et de journaux. Dans les meetings, d'aguichantes hôtesses, dépêchées par l'entreprise

organisatrice, complètent et parfois remplacent les « gros bras » du service d'ordre. Les sociétés de conseils en communication proposent un arsenal complet de propagande et une statégie de relations publiques, quand ce n'est pas des mandats de députés-maires, clés en main. Comme tout mouvement de spécialisation, cette professionnalisation de la politique – qui a des aspects caricaturaux et redoutables – s'accompagne d'une autonomie croissante du corps des politiciens professionnels vis-vis de leur base. Risque de marginalisation des militants, montée des professionnels : la séparation entre classe politique et « société civile » se trouve accentuée.

4. La révolution médiatique bouleverse la notion même de représentation. Les médias de communication directe (télévision, radio) se renforcent, les médias de représentation (partis, syndicats, associations) s'affaiblissent. Dans ce chassé-croisé, la démocratie est perdante. Avant la télévision, on allait aux réunions du parti, aux meetings pour s'informer et échanger, les militants détenaient un savoir dont étaient dépourvus ceux de « l'extérieur ». Aujourd'hui, il n'y a plus « d'extérieur » et « d'intérieur », adhérents et non-adhérents apprennent les dessous de la moindre réunion du Bureau exécutif de leur parti dans le journal de vingt heures et la commentent ensemble, s'il y a lieu, le lendemain au café ou au bureau. La société se trouve dans une situation de représentation permanente et les groupes ne ressentent plus de la même façon la nécessité de s'organiser pour exister. Dans la société médiatique, le besoin d'organisation tend, sinon à s'effacer, du moins à se réduire et à changer de forme.

Le langage politique se simplifie et devient schématique. Moi-même, souvent, je me fais ce reproche. Le projet politique s'efface devant les bruits de couloirs, la pensée construite devant le mot qui fait mouche, les idées fortes devant les petites phrases. Dramatisé, mis en scène, tout débat d'idées tourne, avec – reconnaissons-le – la complicité de la classe politique, au tournoi médiéval quand ce n'est pas au « Bebête-show ». Le discours politique, au lieu de proposer des projets, colle malheureusement à l'idée qu'on se fait du désir des électeurs sous le verdict de l'audimat et du sondage minitel.

5. Par-dessus tout, la crise de la représentation est la conséquence du retard accumulé par les partis, les syndicats, les associations sur l'évolution de la société dans laquelle ils agissent. Le sociologue Roberto Michels avait bien montré au début de ce siècle pourquoi et comment toute grande association développe son propre conservatisme et se trouve en conséquence périodiquement déconnectée par rapport à l'évolution sociale et à sa propre base. Pour se maintenir, ces organisations s'attachent aux représentations, aux discours, aux pratiques, aux routines qui ont fait leur succès. Lorsque survient un changement de période, les organisations mettent du temps à s'adapter aux nouveaux paramètres de leur action. L'inadaptation de leur orientation et de leur pratique à la nouvelle situation précipite une crise idéologique, programmatique, organisationnelle. Les crises de représentation renvoient à cette mauvaise synchronisation, au demeurant nullement irrémédiable.

Or un changement de période historique s'est bel et bien produit au milieu des années 70 (autour de 1975-1977) et il s'est accéléré depuis. La plupart des paramètres de la période antérieure, celle du long après-guerre, se sont modifiés : mise en cause de la « haute croissance », révolution de l'information, implosion du salariat, renforcement des classes moyennes, mondialisation de l'économie, crise du marxisme, montée de l'individualisme, progrès du consumérisme, affleurement de nouveaux problèmes comme ceux de l'écologie… Les partis et les syndicats ont mis du temps à intégrer ce retournement général de tendance, et plus encore à y adapter leurs discours, leurs programmes, leurs pratiques. A beaucoup d'égards, ils n'y sont pas encore parvenus.

Ainsi, le retard des syndicats à prendre en compte l'exigence d'organisation démocratique des luttes exprimée par les salariés (assemblées générales souveraines, comités de grève rassemblant syndiqués et non-syndiqués, etc.) a fait le lit des « coordinations ». Leur retard à prendre en compte l'individualisation des revendications (par exemple sur le terrain de l'aménagement du temps de travail, des « horaires souples », « à la carte », etc.) a ouvert un espace à la contre-offensive d'un certain patronat. En ce qui le concerne, le Parti socialiste n'a intégré qu'avec retard le fait de la crise et donc la nécessité de reconstituer les marges des entreprises, de redéployer le système productif français, d'inventer de nouveaux modes de régulation, une nouvelle figure de « l'économie mixte » et de l'État social. Il n'a perçu qu'avec décalage les changements de la classe ouvrière, l'évolution de son propre électorat, sa volatilité, son attirance vers de nouveaux thèmes, de nouveaux comportements.

Le propre des grands partis et syndicats, c'est d'être tour à tour en avance, puis en retard sur l'évolution historique et celle de leur propre base. Ces retards appellent un long travail d'ajustement. Tant que celui-ci n'est pas mené à bien, le parti ou le syndicat s'acquitte mal de ses fonctions. Il en résulte une désaffection relative de sa base, une « crise de représentation ». Pour surmonter cette crise, il ne faut pas, comme on nous y invite ici et là, que les partis et les syndicats abdiquent leur rôle, sous-traitent leurs responsabilités, s'effacent devant les représentants de la société civile, subitement parés de toutes les vertus, et devant le verdict des sondages d'opinion. Il ne faut pas qu'ils renoncent à assumer leurs fonctions, au motif que, pour l'heure, ils s'en acquittent mal. Car ces fonctions, personne ne les assumera à leur place.

Mais dans nos démocraties développées, médiatiques, sceptiques, postindustrielles et marchandes, le rapport entre représentés et représentants ne saurait être ce qu'il était dans la phase précédente. Il ne sera pas non plus d'essence religieuse (sécularisée), comme il l'est encore dans le tiers-monde.

Quelle forme doit donc revêtir le PS de l'an 2000 ?

Deux modèles dépassés : le Parti contre-société…

Nous vivons dans la nostalgie de modèles d'organisation anciens, dépassés. Cette nostalgie, fort tenace, sous-tend plusieurs des critiques adressées au fonctionnement actuel du PS. La gauche socialiste reste, en effet, habitée par deux modèles d'organisation implicites, hérités de son histoire : le modèle du Parti contre-société et celui du Parti contre-État.

Le premier a vu le jour avec l'apparition des partis ouvriers de masse au sein de la deuxième Internationale, au tournant du siècle. Son type presque pur fut la social-démocratie allemande. Certains départements de France en ont été imprégnés. Dans une société en pleine industrialisation et urbanisation, encore fortement marquée par la persistance de « l'Ancien Régime », ce type de parti organise une classe ouvrière déracinée et largement exclue de la cité en contre-société s'opposant terme à terme à la société officielle. L'organisation social-démocrate accompagne le prolétaire de son premier vagissement à son dernier souffle : il naît dans un dispensaire social-démocrate, fréquente la crèche, le patronage, les sociétés sportives, les mouvements de jeunesse, les centres d'apprentissage sociaux-démocrates ; il milite au syndicat, au parti, aux associations de loisirs, dans les mutuelles social-démocrates, lit la presse, les revues, les auteurs sociaux-démocrates, et est finalement enterré au son des hymnes de la social-démocratie entonnés par la fanfare social-démocrate… Le Parti est la clé de voûte de cette contre-société. Il est omnicompétent et omniscient. Il a une position autorisée sur tout problème. Il oppose son idéologie révolutionnaire à l'idéologie dominante, qui est souvent encore celle de l'Église.

Ce modèle de parti a correspondu à une certaine phase de développement des sociétés occidentales, phase de démocratie tronquée ou embryonnaire, lorsque le droit de citoyenneté n'était pleinement reconnu qu'aux propriétaires et que les« classes laborieuses » étaient considérées comme des « classes dangereuses ». La lutte du mouvement ouvrier socialiste pour l'extension et l'approfondissement de la démocratie, en dotant les salariés d'un ensemble de droits et de libertés, a heureusement mis fin à beaucoup d'aspects de cette exclusion. L'économie de service signifie un certain tassement de la classe ouvrière industrielle. Le développement de l'éducation et de la communication de masse, l'évolution économique et sociale rendent plus homogènes les modes de vie. De mieux en mieux intégrés à la société nationale, les salariés ressentent moins le besoin de s'organiser en contre-société. Le parti contre-société ne sera pas l'image du Parti de demain.

... et le Parti contre-État

Le Parti contre-État a succédé, comme modèle dominant, au parti contre-société au sein de la social-démocratie européenne. Ce modèle s'est imposé dans les années 50 et 60, lorsque l'intervention multiforme de l'État-providence semblait présider aux divers « miracles » économiques occidentaux (italien, allemand, français...). L'État-protecteur, régulateur, développeur était alors le principal moteur de la modernisation et de l'expansion, les partis socialistes capables de s'en saisir se considéraient par conséquent eux-mêmes comme institution seule en mesure de donner aux divers mouvements sociaux leur traduction et leur débouché politiques. C'est la période où toute revendication, toute aspiration nouvelle se traduisait par une « demande d'État », et où la gauche considérait qu'on peut faire la révolution par la loi, en investissant la « salle des commandes » de l'État.

Avec le retournement de tendance économique au milieu des années 1970 et l'internationalisation croissante de l'économie, qui réduisent les moyens de l'État national, se répand au contraire au début des années 80 le sentiment de « l'insignifiance de l'État ». Virage à 180°. L'État et les partis politiques seraient incapables de résoudre les problèmes fondamentaux qui assaillent nos sociétés : croissance, emploi, Sécurité sociale, ordre public, écologie, drogue... D'où le scepticisme justifié vis-à-vis des programmes clés en main, mais dangereux envers la volonté légitime des partis de gauche de jouer un rôle d'acteur majeur de la transformation sociale. Peu à peu, à partir de certaines idées justes (la nécessité du réalisme et de l'ouverture vers la société), le risque existe de réduire pratiquement à néant le rôle du

Parti, de n'en faire au mieux qu'une machine électorale, au pire un baromètre, de se satisfaire de ses faiblesses, avec d'un côté des stratégies personnelles et médiatiques envers l'opinion, de l'autre un parti-profil bas. Ma position est nette : la démocratie ne peut pas être un face-à-face entre le peuple et un homme, avec au milieu la télévision et des batteries de sondage ; le PS ne peut pas être un parti-baromètre ; le socialisme ne peut pas être une social-sondocratie.

Pour un parti de transformation sociale

Dans un contexte historique marqué par les problèmes de compétitivité de l'industrie française, la marche à la société duale, le poids des pollutions, la montée en puissance des techno-bureaucraties, le retour de flamme de la xénophobie et du racisme, l'exacerbation des corporatismes, le Parti socialiste doit être un parti de transformation sociale, de propositions, capable d'éclairer les acteurs sociaux, d'influer sur leurs orientations en élaborant un ensemble cohérent de solutions aux problèmes de notre société. Les fonctions d'élaboration stratégique et de direction politique conservent toute leur importance, même si elles doivent s'exercer différemment.

Il est normal, par exemple, que le PS n'ait pas télécommandé le mouvement de la jeunesse scolarisée contre la loi Devaquet en novembre-décembre 1986. Mais il serait grave qu'il n'y ait pas été fortement présent, qu'il n'ait rien à dire à un tel mouvement, qu'il soit incapable de lui soumettre des propositions de réforme du système de formation et de l'école. Il est normal que le PS ne soit pas le *deus ex machina* du mouvement antiraciste. Mais il serait grave qu'il ne lui soit pas pleinement associé, qu'il n'ait pas à proposer au pays une politique d'immigration et d'intégration, courageuse, efficace, à laquelle il se tienne. Il est bon que le Parti socialiste ne soit pas la seule force présente dans les mouvements de locataires et se préoccupant du logement, mais il serait désastreux qu'il ne soit pas très actif par ses propositions et ses interventions dans ce domaine fondamental pour la vie de nos concitoyens.

Le Parti socialiste ne saurait être une simple machine électorale à conquérir et à conserver le pouvoir, briguant les suffrages des catégories défavorisées de la population, à la manière du Parti démocrate américain. S'il entend occuper tout l'espace de la gauche, il lui faut être présent en permanence et en nombre sur tous les terrains majeurs d'évolution de notre société, dans toutes les couches sociales, à l'écoute des nouveaux mouvements, capable dans la tradition française de s'identifier à un projet historique de transformation sociale. Demeurer – ou devenir – un parti moderne de masse, un parti qui écoute ses militantes et ses militants.

Il lui faut donc entretenir avec la gauche un rapport qui ne soit pas de pure représentation dans l'appareil d'État, mais de présence active dans les syndicats, les associations, les mouvements sociaux, sans prétendre les diriger, et *a fortiori* les contrôler, mais sans renoncer pour autant à les éclairer et à les orienter par la qualité et la cohérence de ses propositions. Je sais les difficultés que rencontrent les syndicats, aggravées par leur division. Je suis convaincu que la France ne pourra être durablement le seul pays où le bouleversement des rapports Est-Ouest serait sans incidence sur le paysage syndical, que je souhaite plus uni. Ce n'est pas se substituer aux acteurs sociaux, bafouer leur autonomie, usurper leur rôle, que de s'efforcer de rendre compatibles leurs aspirations souvent divergentes, en les intégrant dans un projet d'ensemble. Le PS doit aussi prolonger son implantation nationale par une pratique, une organisation, une sensibilité internationales permanentes.

Lorsqu'il fallait combattre frontalement la société pour espérer la transformer, le Parti contre-société s'imposait. Lorsqu'on a pensé que, pour opérer cette transformation, investir l'État suffisait, le Parti contre-État a pu être une approche utile. Aujourd'hui où l'objectif de transformation sociale devient plus complexe, moins mécanique, plus européen, c'est d'un Parti-acteur de transformation sociale incarnant l'ensemble de la gauche que les socialistes ont besoin.

En assumant pleinement sa fonction d'opérateur politique, soucieux d'exprimer le point de vue de la totalité, parce que visant à l'exercice du pouvoir d'État, le PS doit permettre aux autres acteurs sociaux d'assumer pleinement la leur : exprimer les intérêts et les aspirations de catégories particulières de la population, condition nécessaire à l'élaboration des compromis.

Tel est l'objectif, en prend-on le chemin ?

Radiographie du Parti socialiste

De l'extérieur, on pourrait croire le PS homogène. Erreur ! Il est extraordinairement divers. Un de ses atouts a longtemps été son aptitude à capter et à intégrer les forces vives, les nouveaux acteurs, les courants porteurs surgis de la société, les personnalités les plus diverses. Au réseau de notables issus de la SFIO se sont ainsi agrégées des couches successives de militants venus des clubs, du PSU, du mouvement associatif, des syndicats de salariés, de l'extrême gauche, du Parti communiste, de l'écologie.

Confluent souvent vers le PS des adhérents qui ont fait leurs classes ailleurs, mais qui à un moment de leur parcours se sont posé le problème de la traduction gouvernementale de leur action. Dans tel département, le PS évoque la social-démocratie classique d'Europe du Nord. Ailleurs, c'est un PC où l'on discuterait. Ici, un PSU plus responsable, là une SFIO qui ne virerait pas à droite, un parti radical à préoccupation sociale. Il est donc simplificateur de porter des jugements généraux.

Depuis maintenant plus de quinze ans que j'en suis membre, ayant rempli à peu près toutes les fonctions, militant d'abord à Paris puis en Normandie, parcourant la plupart des fédérations et rencontrant de multiples sections, je connais bien le PS et ses militants. C'est vrai que la diversité est infinie : entre la chaleur enthousiaste d'un banquet dans l'Aude et le Pas-de-Calais où l'on continue de chanter *l'Internationale* poing levé, et la modeste réunion d'une section de Charente ou de Vendée où l'on analyse avec méthode les événements du mois pour en faire une lecture socialiste ; entre le médecin de la Région parisienne qui continue de militer même s'il critique la politique suivie et peste contre l'Ordre des médecins, et l'enseignant du Nord qui apprend avec plaisir que le budget de son ministère a augmenté mais a du mal à en voir la traduction concrète dans sa classe ; entre ceux qui sont nés dans le socialisme et ceux qui l'ont ensuite choisi ; entre les grosses sections des grandes mairies tenues par la gauche depuis des décennies et les petites sections des terres de mission où le rêve serait d'atteindre 20 %… la diversité est étonnante, passionnante. Pourtant lorsque les grandes échéances arrivent, toutes ces énergies se tendent vers un même but, capables de se donner à fond, d'une générosité inouïe, qui fait oublier les mauvais moments – car il en existe aussi.

Dans la diversité, quelques lignes de force tout de même

se dégagent. Les politologues nous ont habitués à considérer un parti politique sous la forme de quatre cercles concentriques, incarnant chacun un degré croissant d'adhésion et d'implication : électeurs, sympathisants, adhérents, militants, ce quatrième cercle se décomposant lui-même en militants de base, généralement occasionnels et bénévoles, et en « appareil du parti » – élus et permanents – en général professionnels et rétribués.

L'électorat du PS oscille, selon les consultations, entre 4,5 et 10 millions de voix, ce qui traduit une amplitude, une volatilité considérables. Il « vaut » en moyenne 30 % des suffrages. On est encore loin des 40 % des grandes social-démocraties.

Le cercle des sympathisants est plus difficile à évaluer : le nombre des candidats présentés ou soutenus par le PS aux municipales de 1989 était de plus de 30 000. Lors des campagnes électorales, de nombreux sympathisants aident le PS, environ 1 000 000.

Les adhérents sont, en principe, 200 000, chiffre optimiste. Le PS est un parti à géométrie variable : il s'accroît en période préélectorale, se contracte entre deux consultations, s'enfle à nouveau lorsque surviennent des congrès. Divers selon les fédérations, le « turn over » des adhérents est en général important : il atteint communément entre le tiers et la moitié des effectifs. Le PS ne sait pas bien conserver ses adhérents.

Le cercle des militants est difficile à évaluer : 30 000 à 60 000 adhérents à la Fédération nationale des élus socialistes et républicains (FNESER), 100 000 au maximum le nombre des militants. Rapporté à l'électorat, cela fait un militant pour cent électeurs, ce qui est peu comparé aux chiffres de la social-démocratie classique.

Si dans les années 1970 le PS a drainé un grand nombre d'animateurs d'associations et de syndicalistes, beaucoup ont été happés par les mandats électifs en 1977, puis, après l'accession de la gauche au pouvoir en 1981, par l'appareil d'État. D'autres ont été découragés par le peu de cas que le Parti faisait de leurs préoccupations, ou déçus. Cette composante-là s'est appauvrie – en liaison, il est vrai, avec la crise du mouvement syndical et associatif lui-même – et le poids des divers élus, celui de leur famille, de leurs amis, de leurs proches s'en est trouvé renforcé. La dimension électoraliste du PS s'est accrue aux dépens de sa dimension organisatrice, sa fonction de représentation aux dépens de sa fonction d'animation.

Ouvrir et réimplanter le Parti socialiste

J'y vois une évolution inquiétante, non seulement pour les raisons déjà invoquées – un parti de transformation sociale doit aider à l'organisation autonome de « ceux d'en bas », sur les terrains les plus divers. Car c'est ainsi qu'on agit sur la formation et l'évolution même de l'opinion.

Mais aussi pour des raisons électorales : une bonne machine électorale est beaucoup plus qu'une simple machine électorale. Pour déceler et traduire les aspirations populaires, élaborer les bonnes réponses aux problèmes auxquels les gens se trouvent confrontés, les convaincre de la pertinence de ses propositions, influer sur leurs opinions, il faut être profondément enraciné parmi les « représentés », agir parmi eux, prendre part à leur mobilisation. Réimplanter en profondeur le Parti socialiste dans le réseau d'organisations et d'associations qui irrigue la société civile est un impératif majeur pour le PS au cours des prochaines années.

Sa réalisation implique qu'on lève une série d'obstacles à l'adhésion, d'importance et de nature diverses. Des obstacles financiers : certains contestent que « trop d'impôt tue l'impôt », il n'est pas douteux en revanche que des cotisations élevées tuent les cotisants. Des obstacles d'organisation aussi : les instances dirigeantes sont pléthoriques ; il existe un ensemble de chevauchements, de doubles emplois, avec aussi beaucoup de lacunes ; trop peu d'idées, trop peu d'informations, trop peu de formation. Ce n'est pas le lieu de détailler ici tous les changements nécessaires. Disons seulement que l'organisation a elle aussi beaucoup besoin de progresser.

Je me limiterai à certaines modifications de fond qui sont indispensables.

Relancer le débat politique. Depuis que nous sommes au pouvoir, le PS repousse l'échéance d'un tel débat, pour ne pas se diviser face à ses adversaires. Or l'unité d'un parti vivant n'est pas une sorte d'état de nature auquel il revient spontanément après ses perturbations. Elle est le produit dialectique de divergences et d'oppositions surmontées et dépassées par le débat et la pratique. Dans les années 70 nos divergences – sur la stratégie d'union et de rééquilibrage de la gauche, sur le contenu même du socialisme démocratique – n'étaient pas artificielles. Elles se sont révélées fécondes, et ont permis à tout le PS de progresser et d'évoluer. Elles sont aujourd'hui dépassées mais d'autres divergences, d'autres clivages, liés aux problèmes, aux enjeux nouveaux, ne manqueront pas de surgir. Il ne peut en être autrement : la politique n'est pas une science exacte, maîtresse de toutes ses données et capable de déduire d'un certain nombre de prémisses une conséquence évidente et indiscutée. Loin de reculer avec effroi le moment où nous, socialistes, mettrons à jour les clivages des années 90, il faut au contraire le hâter. Le développement d'un tel débat, tourné vers les problèmes de fond et non les querelles picrocholines, repolitiserait – au bon sens du terme – la discussion. Plus le débat portera sur les idées, moins il se fossilisera sur les personnes.

Dans cette mise à jour de notre réflexion et de notre pratique, la dimension internationale – notamment européenne – devra être beaucoup plus présente qu'aujourd'hui. Le PS doit être nettement plus actif à travers le monde qu'il n'a pu l'être : dans nos activités internationales nous sommes un parent très pauvre par rapport au SPD allemand ou au PSOE espagnol. Il ne suffit pas de dire « tout est européen » pour l'oublier quand une décision doit être prise ou une échéance abordée. Les programmes des PS européens, y compris le PS français, sont nombrilistes. Les organisations des PS européens restent trop nationalistes. Il est temps de mettre en commun nos réflexions, nos propositions, nos démarches. Travaillons pour un projet commun de la gauche européenne, pour un europrojet, seul capable d'ailleurs de dépasser les clivages nationaux entre socialistes et communistes. Le PS français devrait montrer l'exemple et être le premier parti véritablement européen.

Un parti ne peut être, au millimètre près, la copie conforme de son électorat. Il importe tout de même qu'il en soit proche et que, par son discours, ses pratiques, son organisation, ses responsables, il conforte son électorat et l'élargisse. Or le PS est encore loin du compte. Pas assez de femmes parmi les responsables – alors que le parti qui le premier comprendra cette mutation indispensable bénéficiera d'un crédit justifié dans l'opinion. Pas assez de salariés de la production à des postes significatifs : l'implantation du PS dans les entreprises a plutôt reculé au cours des dix dernières années. La phraséologie est souvent ouvrière, les pratiques assez peu, et les responsables encore moins. Pas de présence organisée chez les plus de 60 ans, chez les artisans, les commerçants. Comme si le PS s'adressait surtout aux

30/40 ans, mariés, de sexe masculin, travaillant dans une grande entreprise. Le PS doit s'adresser à eux, bien sûr, mais aussi à tous les autres, et les représenter pour qu'ils se sentent vraiment pris en compte. En commençant par les jeunes, trop absents des débats et des décisions. Tout cela demandera un grand effort de formation. C'est décisif !

Au-delà des militants et des adhérents, le PS doit s'élargir à ses nombreux sympathisants, s'habituer à discuter avec eux, à les entendre, à travailler avec eux, à les organiser souplement. Il ne peut espérer contribuer à transformer la société en restant refermé sur lui-même, concentré sur ses querelles de chapelle, savourant, pour citer Paul Valéry, « l'inimitable saveur que l'on ne goûte qu'à soi-même ». Les sympathisants ne disposeront pas juridiquement des mêmes droits statutaires que les adhérents, mais ils accompagneront le PS, apprendront à le connaître et à l'aimer, le critiqueront peut-être, l'influenceront dans doute, le rejoindront pour beaucoup. Refusons de vivre en vase clos. Ouvrons largement les fenêtres. Demain ne doit pas être fait de repli. Demain doit être au rayonnement, à la synthèse, à l'élargissement.

Réduire les effets pervers du système des courants

L'ouverture du PS, sa transformation en un véritable parti de masse, se heurte à un autre obstacle, difficile à lever : les effets pervers du système des courants. Il peut sembler paradoxal de mettre en cause ce système aujourd'hui, au moment où beaucoup le copient. Le droit de tendance, c'est-à-dire le droit des adhérents à se regrouper en courants de pensée, sur une plate-forme politique commune, de se compter lors des congrès, et d'être représentés sur cette base dans toutes les instances, apparaît comme la solution la plus judicieuse pour gérer les problèmes de pouvoir et de désaccord au sein d'un grand parti. A droite, on cite en exemple notre organisation interne du pluralisme et notre méthode de désignation des dirigeants et des candidats. A gauche, certains communistes, s'inspirant de l'exemple du PCI, veulent rompre avec la tradition du centralisme démocratique et en venir également à la reconnaissance du droit de tendance. Et il est vrai qu'on n'a pas encore su inventer de tiers système : soit le centralisme du PC ou du RPR à l'ancienne, soit les courants du PS !

Ils sont d'autant moins évitables si l'on veut bâtir une organisation qui représente vraiment toute la gauche car il faudra bien que chacun puisse s'y sentir à l'aise, à la fois membre d'une famille commune et porteur d'une sensibilité propre. Un grand PS tel que je le souhaite devrait faire coexister en son sein toute la diversité de la gauche, des communistes au centre-gauche, la culture jacobine, la démarche social-démocrate, l'humanisme radical, la sensibilité social-chrétienne, et d'autres encore. L'existence de courants de pensée est supposée permettre à cette diversité de s'exprimer, ruisseaux, cours d'eau, rivières qui finalement alimentent la force fédératrice et socialiste du fleuve. Mais comme tout système d'organisation, les courants développent leurs effets pervers. S'ils permettent de représenter les diverses positions et sensibilités politiques qui s'affirment dans une période donnée, ils permettent aussi de conquérir, occuper, conserver des places et des mandats. Lorsque cette seconde préoccupation l'emporte sur la première, il y a corruption, dégradation du droit de tendance.

La pratique actuelle des courants constitue un obsacle à l'adhésion. Au PS, c'est traditionnellement la base qui désigne à la fois les candidats aux divers mandats et les dirigeants, en tout cas une bonne part d'entre eux, ce qui est normal. A partir de là, malheureusement, bien des sections partagent l'opinion des babas-cool des années 70 : *small is beautiful !* C'est peu dire qu'elles refusent tout prosélytisme. Le nouvel adhérent, voilà l'ennemi ! Il risque de perturber de savants équilibres entre courants établis au fil des ans, donc la répartition des postes et des mandats. Qui sait ? peut-être est-il sournoisement téléguidé par telle ou telle tendance adverse qui cherche à prendre pied ou à se renforcer dans la fédération ? Le développement numérique de la section devient alors source d'incertitude et de péril ! Une petite section de quelques dizaines de membres se contrôle plus facilement qu'une grosse. La doctrine officielle est le recrutement tous azimuts, la pratique réelle est la fermeture à double tour. Il existe un malthusianisme politique comme il y a un malthusianisme économique et démographique. Contre ces attitudes frileuses, on ne peut lutter par la modification des statuts ou d'un règlement intérieur, on ne peut que faire valoir le préjudice qu'il porte à long terme au rayonnement, à l'influence, à l'implantation du PS, qui exigent une large base militante.

Autre effet pervers de la pratique actuelle des courants : la prime à la division et à la balkanisation. Tout courant du PS étant représenté en fonction de son influence, quiconque veut se faire désigner à un poste électif a intérêt à se « positionner » en fonction de la géographie locale des courants. Si l'un des courants reconnus manque à l'appel, le futur candidat a intérêt à le créer : compte tenu des effectifs moyens des sections – quelques dizaines d'adhérents – c'est bien le diable si, aidé de ses amis et parents, il ne parvient pas à drainer les quelques sympathisants (ou à défaut, les quelques mécontents) nécessaires à lui faire franchir le seuil de la représentativité. J'ajoute que beaucoup de débats internes, beaucoup de polémiques avec le gouvernement ou tel de ses membres, polémiques auxquelles l'opinion ne comprend en général rien, qui l'insupportent et l'éloignent encore plus du politique, beaucoup de ces prurits sont dus au positionnement excessif des courants.

Au niveau national, les effets pervers de ce système se sont récemment illustrés dans la constitution de la liste socialiste aux élections européennes pour 1989 et plus encore, au congrès de Rennes. Dans le premier cas, la liste fut désignée par le bureau exécutif à la proportionnelle des courants, cette considération l'emportant sur toute autre, de sorte que des régions entières, le Midi languedocien, la Bretagne, l'Auvergne, l'Outre-mer, ne comptaient aucun représentant ! Quant au congrès de Rennes, l'accord de synthèse conclu après discussion entre plusieurs responsables et moi-même, qui aurait débouché sur un congrès uni et positif, fut dénoncé à trois heures de la clôture des travaux, à l'initiative des supporters de l'un des dirigeants du PS, pour des raisons de pouvoir. C'est en réalité ce refus qui a condamné pour la première fois de son histoire le PS à se séparer sans avoir dégagé une orientation ni désigné une direction, produisant dans l'opinion les effets ravageurs que l'on sait.

J'en conclus qu'au-delà d'un certain seuil la logique des courants est désagrégatrice. Le PS tend à devenir une confédération de courants et de sous-courants faisant prévaloir leurs préoccupations et leurs intérêts propres sur ceux de l'entité qui les englobe. Encore quelques pas de plus dans cette direction, et la vie de l'institution se déplacerait, pour l'essentiel, du parti lui-même vers ses courants, la plupart sans organisation démocratique interne, le parti devenant alors une sorte de confédération avalisant les décisions prises par certaines sensibilités, ou plutôt par leurs chefs, dont il s'agirait alors de conforter les stratégies, les ambitions et le pouvoir. Une dynamique centrifuge est enclenchée, d'autant plus dangereuse que le débat politique est languissant. Ce n'est pas ainsi qu'on peut construire le grand parti de toute la gauche.

Le parti socialiste saura-t-il réussir la triple mutation – idéologique, militante, organisationnelle – que je viens d'évoquer ? Je le souhaite de tout cœur. Des éléments de faiblesse et de division existent, qui sont autant de menaces. Il faudra donc beaucoup de détermination. N'oublions jamais ce que la résurrection du PS dans les années 70, son accession et son maintien au pouvoir dans les années 80 doivent au talent politique de François Mitterrand. Le PS doit désormais se doter d'un outil politique capable de bons résultats, même s'il est manié par des responsables plus ordinaires.

En réalité, au moins trois avenirs possibles s'offrent au PS.

Le premier est de retrouver la tradition de la SFIO sous la IVe République, lorsqu'elle n'était que la principale formation de la gauche « non communiste »; phraséologie de gauche et pratique de centre droit ; rhétorique anticapitaliste et gestion de l'ordre existant ; les plus critiques diront : mouvements de menton et souplesse d'échine. Tout cela, sur fond d'implantation sociale faible et de sous-organisation chronique. Le retour de ce spectre-là n'est pas exclu et pourtant je ne le crois pas inévitable. Non pas que j'ignore la profondeur des racines que plonge cette tendance dans le socialisme français. Ni les lacunes actuelles du PS. Mais les modifications sociologiques et culturelles survenues depuis quarante ans dans la société française, en particulier l'effondrement déjà évoqué de la culture révolutionnaire au sein du salariat – avec sa conséquence : la marginalisation du Parti communiste –, limitent les risques de cette option. Elle serait tellement suicidaire que je ne vois pas comment une majorité de socialistes pourrait y souscrire.

Le second avenir possible est le « néo-radicalisme ». Conforté par le déclin du PCF, la crise durable de la droite, l'incapacité des Verts à se constituer en alternative politique, le PS se contente de gérer sa rente électorale. Dans la société salariale de la fin du XXe siècle, il occupe la position qu'occupait le parti radical sous la IIIe République : réseau de notables, entretenant avec sa base électorale des rapports passablement clientélistes, et professant un républicanisme teinté de préoccupations sociales. Parce qu'il correspond à la facilité et qu'il bénéficie de la force d'inertie, ce scénario-là est plus vraisemblable – et aussi redoutable – que le précédent. L'hégémonie du PS risquerait alors de n'être que de circonstance ; sa force, l'effet mécanique de la faiblesse des autres, et donc à la merci de leur renaissance ou de structures tout à fait nouvelles, venues « d'ailleurs ». La métaphore usée du « colosse-aux-pieds-d'argile » s'appliquerait en l'occurrence parfaitement.

Le troisième avenir possible est celui que je défends ici : la transformation du PS en un grand parti socialiste moderne, imaginatif, organisé, ancré dans la société, à l'écoute des mouvements nouveaux, en particulier l'écologie, tourné vers l'Europe et le monde, assumant pleinement les fonctions qui incombent dans une démocratie au parti de toute la gauche, capable de réunir la diversité de celle-ci et, au-delà, d'agréger l'ensemble des forces de progrès. Un parti de femmes et d'hommes à égalité de responsabilité. Un parti de militants qui sache écouter ses militants. Option ambitieuse, nullement acquise d'avance. Les roses, le PS n'en a jamais séparé les pétales des épines. En tout cas pas question de renoncer à cet objectif. Ce n'est pas parce que nous ne brandissons plus nos armes de destruction théologiques, nos missiles à forte teneur métaphysique qui nous retombaient régulièrement dessus, que l'avenir du PS est obstrué. Il est plus utile de prendre les « Bastilles » que d'attaquer les moulins.

CHAPITRE VII

L'aggiornamento du socialisme français

« La droite française n'a plus rien à dire, le PS lui a volé ses idées », se désolait récemment à la buvette un boute-en-train de l'Assemblée. Il avait tort. Mais il répondait implicitement à une bonne question. S'il n'est pas une simple conversion à l'idéologie libérale, en quoi consiste l'aggiornamento du socialisme français ? En une double rupture : rupture avec l'inspiration messianique qui animait encore le PS des années 70, rupture avec l'anticapitalisme radical. Du même coup, c'est l'ensemble des rapports entre socialisme, communisme et démocratie qui se trouve modifié.

Socialisme et démocratie

Le socialisme des origines était mû par l'utopie de la société parfaite : n'ayant que ses chaînes à perdre et un monde à gagner, le prolétariat, classe universelle et rédemptrice, allait accoucher du socialisme. Après des batailles et des larmes, ce serait la société sans exploitation, sans oppression, sans aliénation – « sans classe, sans guerre, sans État » –, pacifiée, unifiée, transparente à elle-même. Cette représentation de la société idéale ressemblait beaucoup à l'âge d'or des grandes religions. La prophétie marxiste du communisme en donnait la version la plus sophistiquée et la mieux adaptée au XIXe siècle. Les autres branches de la famille socialiste – anarchistes, anarcho-syndicalistes, proudhoniens, fourriéristes, saint-simoniens, owénistes, etc. – ajoutèrent à ce tableau.

La gauche moderne rompt avec cette représentation de la société désirable. C'est un socialisme post-totalitaire. Il mesure que les théories qui se prétendaient totalisantes se sont révélées totalitaires. Il sait que qui veut faire l'ange fait la bête. Il constate que les tentatives de réalisation du communisme ont partout débouché sur le despotisme bureaucratique faute de respecter les libertés. Renonçant au vieux rêve d'édification de la « Cité terrestre », il ne se résigne pas à la plate gestion de l'existant. S'il abandonne le projet de la société parfaite, il lui substitue non pas le consentement à l'ordre du monde mais l'utopie démocratique. L'avènement de la démocratie sociale constitue son axe même, par l'extension progressive des droits et des libertés des individus, comme citoyens et producteurs. Cet axe domine toutes les parties du projet socialiste.

C'est lui qui donne son contenu spécifique au thème de la « modernisation ». La modernisation socialiste – on l'a vu – se distingue de la modernisation libérale en ce qu'elle est simultanément une démocratisation. Elle prend appui sur l'extension des droits et des libertés des salariés, garantis par l'État, et pas seulement sur ceux des chefs d'entreprise. L'idéal démocratique constitue l'utopie de l'Occident. Son utopie au sens étymologique : un objectif qu'on peut approcher, mais non atteindre. Car si « les individus naissent libres et égaux en droits », ils sont inégaux sur beaucoup d'autres plans. Le progrès même de la démocratie engendre sans cesse de nouvelles hiérarchies et de nouvelles sujétions. Le progrès des libertés amène, on le sait, de nouvelles inégalités. Le progrès de l'égalité amène de nouvelles contraintes.

Utopie, mais utopie active. Le principe égalitaire s'attaque de proche en proche à toutes les formes de discrimination : entre les classes et les catégories sociales, entre les races, les nations, les sexes, les âges de la vie... pour chercher à constituer des individus et des groupes égaux en chances et en droits. La soif de liberté met en cause toutes les formes autoritaires de domination pour ne laisser subsister que le « pouvoir rationnel », c'est-à-dire fondé sur la compétence ou sur l'élection, et en conséquence limité, conditionnel, circonscrit, réversible.

L'idéal démocratique est subversif autant par ce qu'il conteste que par ce qu'il fait naître. Ultime produit de la philosophie des Lumières, il est beaucoup plus qu'un simple mode d'organisation des pouvoirs. Il désigne une conception de la société, un type de civilisation où, selon le mot de Marx, « le libre développement de chacun est à la fois le but et la condition du plein épanouissement de tous ». Situant dans le peuple, et non plus dans le Prince ou dans l'élite, la source du pouvoir légitime, il constitue un pari éthique sur l'égale dignité des hommes, sur leur égale aptitude à devenir citoyens. Là réside son ressort : « Tous peuvent décider de tout », tel est le postulat de la démocratie. Elle ne peut se maintenir, ne peut progresser qu'en s'efforçant d'approcher au plus près la réalisation de ce postulat présomptueux ; qu'en produisant un peuple capable de s'ériger en souverain ; c'est-à-dire suffisamment éduqué, informé, attentif aux affaires publiques pour trancher entre plusieurs orientations alternatives, désigner, contrôler et éventuellement sanctionner ses gouvernants. « Liberté, égalité, fraternité » est bien le grand mot d'ordre révolutionnaire de l'Occident, qui n'a aujourd'hui rien perdu de sa charge explosive, à tous les coins du village planétaire : de la Pologne à l'Algérie, de l'Union soviétique à l'Argentine, de la Corée au Chili, de l'Afrique du Sud à la Chine populaire.

On connaît l'objection : la démocratie est un mythe mobilisateur, oui, mais seulement dans les pays où elle n'existe pas, naguère les États totalitaires de l'Est, aujourd'hui les dictatures du tiers-monde. Elle constitue un ressort médiocre dans les vieilles nations d'Occident, là où le développement démocratique est parvenu à maturité, où seules des forces marginales contestent ses valeurs et ses principes. Et d'ailleurs, peut-on parler dans ce cas d'utopie démocratique ? La démocratie est, dans ces pays, déjà une réalité ! Cette objection n'est pas convaincante : la démocratie est à la fois une réalité – fruit de siècles d'efforts et de luttes – et un idéal à atteindre. Comme réalité, elle est toujours imparfaite, partielle, fragile. Comme idéal, elle aiguise toujours notre sens du possible. Elle indique les prochains pas à accomplir. Elle n'est pas un état mais un processus.

Ce processus a commencé il y a fort longtemps avec l'action des légistes royaux et des bourgeois des villes contre le pouvoir seigneurial, pour la reconnaissance des droits des francs sujets : droit de sûreté, droit d'aller et de venir, de jouir de ses biens et de son corps propre, d'être gouverné sans être opprimé, sans être soumis à l'arbitraire d'un autre, fût-il le roi. Il s'est poursuivi sous la Réforme, avec la lutte pour la liberté de conscience et de culte. Il s'est épanoui au XVIIe et au XVIIIe siècle, à travers le développement du parlementarisme, de la monarchie constitutionnelle, de l'idéologie des Lumières. Il a culminé dans les Révolutions américaine et française, la Déclaration des droits de l'homme et du citoyen du 26 août 1789, l'avènement de la Ire République : liberté d'opinion, d'expression, d'association, de suffrage. Tout au long des XIXe et XXe siècles, ces droits et libertés ont progressé en substance et en étendue. Surtout, ils ont été complétés par un nouveau type de droits, arrachés par le mouvement ouvrier : les droits économiques et sociaux, droit à l'instruction, à la santé, au travail, au loisir, à la Sécurité sociale, à l'organisation syndicale, droit de grève, droit au revenu minimum garanti... Le développement de cette seconde génération de droits, désignés comme « droits-créances » par opposition aux « droits-libertés », parce qu'ils créent pour l'État une obligation positive et non plus seulement négative, a débouché au lendemain de la Seconde Guerre mondiale sur l'institution de l'État-providence.

Une telle évolution pluriséculaire vers davantage d'égalité, de démocratie, dans laquelle un aristocrate comme Tocqueville décelait le sens de l'histoire moderne, ne s'est donc pas faite en ligne droite, mais en dents de scie. Aux périodes de forte poussée démocratique ont parfois succédé des phases de profonde régression – particulièrement les terribles années 30, quand « il était minuit dans le siècle ». Et voici qu'aux puissances d'autrefois – la monarchie, l'aristocratie, le clergé – se substituent désormais de nouvelles puissances, tentées de vider partiellement les libertés et les droits de leur contenu : les technocraties des grandes organisations publiques et privées, les nouveaux pouvoirs administratif, scientifique, économique, médiatique. Les plus récents de ces pouvoirs n'ont pas en face d'eux des contre-pouvoirs suffisants. Ils sont soumis à la tentation d'abuser de leur puissance, au détriment des individus et de la société. Le bilan général, toutefois, ne fait pas de doute : pour les libertés comme pour les droits économiques et sociaux, la progression depuis 1789, et particulièrement au cours du dernier demi-siècle, est spectaculaire. Mais la défense, la consolidation, l'approfondissement des droits et des libertés constituent un travail toujours recommencé.

Certes, les méthodes d'action révolutionnaire ne sont plus de saison. L'insurrection armée, la violence sont légitimes contre un pouvoir dictatorial, elles ne le sont absolument pas contre un État démocratique et les réformes nécessaires s'obtiennent heureusement sous nos cieux par le suffrage universel. Mais, ces différences étant présentes et évidentes, il demeure que le processus de démocratisation engagé par la révolution de 1789 ne peut pas être complètement achevé et n'a pas de terme exactement assignable. Aujourd'hui, comme par le passé, il s'agit de donner davantage de substance aux droits et aux libertés, en particulier de consolider, d'étendre les droits économiques et sociaux. Dans ce combat, la gauche se trouve comme toujours en première ligne.

Car l'histoire du mouvement ouvrier socialiste se confond avec la lutte pour l'avènement et l'approfondissement de la démocratie, pour sa transformation en démocratie sociale. Combat acharné pour le suffrage universel, contre le vote censitaire, afin que les prolétaires, et non les seuls possédants, deviennent citoyens. Combat pour le droit au travail, la journée de huit heures, la semaine de quarante, la Sécurité sociale, les comités d'entreprise, les conventions collectives, les nationalisations... Combat contre tous les totalitarismes.

C'est précisément sur cette question de la démocratie, des rapports entre démocratie politique et socialisme, que s'est produit au lendemain de la Première Guerre mondiale le grand schisme de l'Internationale ouvrière : la scission léniniste de 1919, engendrant la « IIIe Internationale », le Komintern. Les textes fondateurs de l'Internationale communiste dénonçaient comme une mystification masquant « la dictature de classe du Capital » cette « démocratie bourgeoise », ses « libertés formelles », son parlementarisme désuet et corrompu. Les communistes lui opposaient la démocratie réelle, directe, fondée non plus sur la représentation parlementaire mais sur la pyramide des soviets. En théorie, chaque délégué était à chaque échelon responsable devant ses électeurs et soumis à des mandats impératifs révocables par eux, les changements dans l'état d'esprit du peuple souverain devant se répercuter instantanément, de proche en proche, jusqu'au sommet. Contrairement à la « démocratie représentative bourgeoise », qui organisait selon Lénine l'indépendance des élus face à leurs électeurs, les constituant en caste politique, la démocratie directe des conseils ouvriers devait refléter fidèlement la volonté des travailleurs et traduire ses moindres évolutions.

On sait ce qu'il en est advenu. Le schéma pyramidal a effectivement fonctionné. Mais alors qu'en théorie tout remontait de la base, en réalité tout descendait du sommet.

Que ces conceptions et la pratique qu'elles sous-tendent mènent au totalitarisme, les théoriciens du socialisme démocratique l'ont compris et proclamé dès le lendemain de la révolution d'Octobre. On l'a oublié : les premières analyses et les premiers réquisitoires contre ce qui allait devenir le stalinisme émanent non des libéraux mais des théoriciens socialistes. La grande majorité d'entre eux ont adopté une attitude violemment critique à l'égard de ce qu'ils considéraient comme une perversion, une dégénérescence du socialisme. En opposant « démocratie directe » et « démocratie représentative », « république des conseils » et « république parlementaire », « État-commune » et « État bureaucratique », les communistes biffaient d'un trait de plume, selon les socialistes, un demi-siècle de progrès théoriques du mouvement ouvrier. La démocratie bourgeoise n'est pas formelle, ajoutaient-ils, mais partielle. Elle ne doit pas être détruite, mais élargie. Démocratie et socialisme reposent sur les mêmes valeurs, les mêmes principes. La différence réside dans le degré de réalisation effective de ces principes et de ces valeurs. Sortie des flancs de l'Ancien Régime, la république bourgeoise ne les incarne que partiellement et imparfaitement. Issue du long combat des prolétaires pour l'extension des droits et des libertés, la république sociale peut les réaliser pleinement. Comme le proclamait Jaurès : « La démocratie est le minimum de socialisme, le socialisme est le maximum de démocratie. »

La démocratie directe était praticable dans les États-cités de la Grèce antique ou dans les tribus guerrières de la forêt germanique. Dans nos sociétés développées et complexes, ces procédures peuvent tout au plus pallier les carences du système parlementaire, elles ne peuvent pas le remplacer. L'idéologie antiparlementaire de la démocratie directe est souvent une machine de guerre de certaines minorités contre la démocratie représentative. La volonté d'abolir tout obstacle au « contrôle des travailleurs » sur le pouvoir politique aboutit à l'abolition de tout moyen de contrôle sur le pouvoir, donc au pouvoir absolu. La république parlementaire et les droits civils ne sont pas des conditions suffisantes de la démocratie politique, mais sans Parlement et droits civils, il n'y a pas de démocratie politique.

En réalité – on le sait maintenant – le communisme, l'anarchisme, les divers socialismes révolutionnaires du XIXe siècle sont des corruptions par excès de l'idéal démocratique. Champions d'une démocratie extrême, ils débouchent sur un despotisme extrême. Fondés sur une conception angélique de l'homme et sur une théorie simpliste des conflits sociaux, du pouvoir, de l'État, ils demandent à la démocratie plus qu'elle ne peut donner. Ils exigent que l'idéal démocratique – l'égalité absolue de tous, non seulement devant la loi, mais aussi dans l'accession aux biens rares, pouvoir, richesse, prestige – devienne une réalité millimétrée. Ce qui est mal comprendre la dialectique entre l'idéal et le réel : les idéaux politiques, d'une certaine façon, sont faits pour défier l'ordre établi et l'infléchir. Ils sont surtout des machines de transformation destinées à peser sur les rapports de forces et à nourrir un flux de mobilisation et de réformes. Ils sont absolus et excessifs par nature. Leur réalisation implique une « réélaboration intermédiaire » (Benjamin Constant) par laquelle ils renoncent à l'absolu des principes et intègrent la complexité des choses.

Tirant les leçons de ces expériences, on doit considérer désormais le développement démocratique non comme un état mais comme un processus historique. Un idéal dont la réalisation progressive implique l'accomplissement de tout un ensemble de conditions, économiques, politiques, sociales, culturelles. L'objectif de la gauche n'est plus d'édifier la « démocratie parfaite », mais le maximum de démocratie compatible avec l'état de développement de la société et son contexte international. La gauche ne sacrifie pas au « fétichisme démocratique », elle n'érige pas la démocratie en panacée. Elle sait que celle-ci comporte ses propres contradictions, produit ses effets pervers, ne constitue pas un sésame efficace en toutes circonstances et pour tous les problèmes. Mais sous sa forme réaliste, l'idéal démocratique est la véritable force émancipatrice des temps modernes.

Dans un monde traversé par la crise du totalitarisme communiste, les convulsions des dictatures et la montée des intégrismes, voici que la grande lueur qui a été allumée il y a deux siècles à l'Ouest par les Révolutions américaine et française brille plus que jamais de ses feux. « Nous avons du pain, nous voulons des lois », scandaient les étudiants et les ouvriers chinois, érigeant en mai 1989 la statue de la Liberté face à la Cité interdite, place Tien-An-Men à Pékin. N'oublions pas leur leçon. Entre démocratie et socialisme il y a non pas rupture, mais continuité.

Socialisme et capitalisme

S'il est assurément démocratique, en quoi le socialisme moderne est-il « socialiste » ?

Le socialisme des origines procédait d'un anticapitalisme radical : la propriété privée des moyens de production était désignée comme la source de tout mal, leur collectivisation comme la condition de l'émancipation humaine, de la rationalité économique et de la société d'abondance.

L'anticapitalisme radical imprégnait encore le socialisme français des années 70 – y compris sa variante en principe la plus éloignée de la « vulgate marxiste », celle de la « deuxième gauche ». En 1975, Edmond Maire et Jacques Julliard publiaient un livre-manifeste de la CFDT dans lequel le socialisme était défini par le triptyque : socialisation des grandes entreprises, régulation de l'économie par le Plan, autogestion des entreprises. Cette dernière était présentée comme la substitution de directeurs élus par le personnel aux chefs d'entreprise privée. La même définition se retrouve, à des variantes près, dans le programme du PS de 1972, *Changer la vie*. Elle éclaire le contenu du Programme commun de gouvernement signé à cette date par le PS et le PC – et notamment son chapitre sur les nationalisations, tout comme le débat sur la « rupture avec le capitalisme ».

L'inspiration commune à toutes ces approches est l'anticapitalisme de principe, hérité de la tradition marxiste :

– Il faut nationaliser les grandes entreprises, parce que seules des entreprises publiques peuvent se fixer comme but de production la satisfaction des besoins humains et la sauvegarde de l'intérêt national plutôt que la recherche du profit financier maximal à court terme.

– Il faut réguler l'économie par le Plan, parce que

la régulation par le marché est injuste et chaotique.
– Il faut substituer des représentants des salariés ou de l'État aux patrons privés, parce que ces derniers font prévaloir leurs intérêts patrimoniaux ou technocratiques sur ceux de la collectivité de travail.

Le débat portait alors sur les modalités, les rythmes – en cent jours ? en cinq ans ? en plusieurs septennats ? – de la « rupture avec le capitalisme », il ne portait pas sur le bien-fondé de la rupture elle-même.

Le Bad Godesberg du PS français s'est produit sur ce terrain. Il ne parle plus de rupture avec le capitalisme, mais de rupture avec le capitalisme rentier, archaïque ou spéculatif. Il ne prône plus la collectivisation intégrale des moyens de production et d'échange, mais, je l'ai montré, l'« économie mixte ». Edmond Maire perçoit une « double légitimité » dans l'entreprise : celle du capital, des dirigeants, agissant au nom de la pérennité de la firme ; celle du travail, des syndicats s'exprimant au nom des intérêts des salariés. Le PS reconnaît que l'économie de marché – corrigée par l'intervention de l'État et des syndicats – constitue le système le plus efficace pour l'accroissement des richesses, même s'il y a beaucoup à dire sur les effets pervers, les coûts sociaux et écologiques, la finalité même de cette croissance. Il admet que l'entrepreneur capitaliste détient un savoir-faire précieux, assume une fonction socialement utile et ne saurait être remplacé sans préjudices par un fonctionnaire, fût-il syndical. La démocratisation de l'entreprise et de l'économie se pose en termes de contre-pouvoirs et de partage du pouvoir, et non plus en termes d'abolition du patronat et du salariat. Le socialisme français a donc en réalité fait sienne la devise de la social-démocratie allemande : « Le marché autant que possible, le plan autant que nécessaire. » Jusqu'ici ce fut en catimini. Je préfère que nous assumions clairement ce choix.

TROIS GLISSEMENTS

Par rapport à sa conception classique du capitalisme, le socialisme opère donc un triple glissement :

1. Dans sa représentation du capitalisme, il glisse de Marx à Braudel. Le premier assimile le concept de capitalisme avec toutes sortes d'éléments qui en sont distincts : le marché, l'entreprise, la concurrence, le profit. Il en déduit que le dépassement du capitalisme s'accompagne du « dépérissement des catégories marchandes ». Le second affirme au contraire que le marché n'est pas un choix, mais une donnée. Braudel, on le sait, perçoit l'univers économique comme un empilement de trois étages : au rez-de-chaussée, les « structures du quotidien », où prévaut une économie d'échange largement non marchande ; au premier étage, « l'économie concurrentielle ou de marché », où se donnent libre cours « l'initiative des petites entreprises, l'acharnement artisanal et ouvrier, la débrouille des petites gens » ; dernière étape enfin, l'« économie-monde » ou le capitalisme proprement dit, là où s'affrontent, liées par une même soif de puissance et de domination, les grandes entreprises commerciales, industrielles et financières. Passé un certain seuil de développement, l'économie de marché et son type de régulation constituent une dimension de l'univers économique lui-même et non pas un trait distinctif du capitalisme, pouvant être aboli avec lui. Chercher à l'abolir comme dans les économies administrées de l'Est, c'est assurer sa résurgence sous la forme de « marchés noirs » et « gris », agrémentés de longues files d'attente. Dans le socialisme démocratique, il y a une économie de marché, avec ses entreprises, sa concurrence, ses profits, même s'il s'y trouve d'autres acteurs économiques, intervenant selon d'autres normes.

2. Dans sa critique du capitalisme proprement dit, le socialisme moderne glisse de Marx à Polany. La critique socialiste du système économique dominant n'a pas disparu, mais son point d'application, son angle d'attaque se sont déplacés. Le socialisme moderne ne prétend plus, avec Marx, que « les rapports capitalistes de production entravent le développement des forces productives ». Il ne prophétise plus « l'inéluctabilité d'une crise économique sans précédent », comme sanction des dérèglements du système (même s'il n'en exclut pas l'éventualité). Il reconnaît le dynamisme qu'engendre la concurrence entre libres entreprises et ne souhaite nullement en priver notre société. Il cherche non pas à anéantir les forces du marché, mais à les maîtriser, les contenir. Car, avec Karl Polany, il prend le contre-pied du modèle libéral : le libre jeu du marché ne débouche pas spontanément sur l'optimum économique, mais au contraire sur la destruction de l'écosystème, la désagrégation de la société, l'atteinte à l'épanouissement des personnes.

Aucune société qui veut l'équilibre et la justice ne peut en effet sacrifier longtemps au libéralisme économique. Vite il lui faut élever des digues, multiplier les garde-fous, mettre en place des mécanismes correcteurs. La croissance de l'intervention de l'État dans les sociétés capitalistes, y compris les plus « libérales », n'a pas d'autre cause. Le socialisme moderne refuse et combat la tendance du mode de production capitaliste à s'étendre à toutes les sphères d'activités, à s'appliquer à tous les rapports sociaux, à assujettir à sa logique toute la société. Il ne se contente pas de corriger et d'infléchir la régulation économique par le marché au moyen de l'intervention des pouvoirs publics, des syndicats, des associations. Il s'efforce aussi de maintenir hors de l'empire du marché un ensemble d'activités, de secteurs, de rapports humains : les activités dites « régaliennes » de l'État (justice, police, administration, défense...), les activités où plus qu'ailleurs il importe pour la cohésion nationale qu'un minimum d'égalité soit assuré entre les citoyens (éducation, santé, culture, communication). C'est là le fondement de l'attachement de la gauche aux services publics, à l'économie sociale. Mais aussi à la réduction de la durée du travail, à l'extension du temps de loisir, du « temps libre », consacré à des activités qui sont génératrices de sens : activités culturelles, créatrices, conviviales, familiales...

La logique strictement capitaliste – produire toujours plus vite, sans cesse davantage de biens et de services marchands individuels, accumuler pour accumuler – apparaît quand elle soumet la société à l'économie, au lieu de lui être subordonnée. Le capitalisme libéral repousse les limites – religions, traditions, éthique, souci de la nature, etc. – qui entravent le déploiement de la rationalité économique. Il tend à subordonner la société à la logique de la production marchande et à celle de l'accumulation du capital. Le socialisme, dans sa définition moderne, subordonne au contraire l'économique à la société et les buts économiques à des buts sociaux qui les englobent et leur assignent la place, subalterne, de moyens. Non plus produire des consommateurs pour des marchandises, mais des marchandises pour des consommateurs. Non plus instituer la société en auxiliaire de l'économie, mais l'économie en auxiliaire de la société[1]. Le mouvement vert, dans ce qu'il a de progressiste, reprend cette critique et partage cette aspiration.

3. Dans ses objectifs et dans sa logique sociale, le socialisme glisse de Marx vers Saint-Simon ou Schumpeter, dont il faut rappeler qu'il était un critique acerbe du capitalisme

1. Sur ces questions voir le beau livre d'André Gorz, *Métamorphose du travail, quête du sens,* Paris, Galilée, 1988.

de son temps. Il ne vise plus « l'abolition du patronat et du salariat », comme le proclament encore les statuts de la CGT, ni la substitution aux chefs d'entreprise privée de directeurs élus par le personnel, comme le prévoyait le projet autogestionnaire. Il reconnaît le caractère irremplaçable, socialement utile, hautement qualifié, de la fonction qu'assument les chefs d'entreprise. Son problème est de déterminer non pas comment anéantir le patronat, la « bourgeoisie capitaliste », mais comment renforcer au sein du patronat le pôle des authentiques entrepreneurs, des capitaines d'industrie. Comment, à l'inverse, réduire celui des patrons rentiers, routiniers, spéculateurs. Comment, simultanément, élever le niveau de compétence et de performance, les capacités d'initiative et d'innovation de l'ensemble ? Il ne développe pas une logique sociale manichéenne dans laquelle le patron est l'ennemi. Il s'appuie sur des couches sociales diverses et peut très bien trouver dans des entrepreneurs des alliés de poids, lesquels à leur tour, au terme d'une analyse réfléchie, peuvent voir en lui le système le plus souhaitable.

Socialisme et communisme

Cet aggiornamento, les communistes français ne sont-ils pas capables de le réaliser également ? Soixante-dix ans après le congrès de Tours, n'est-il pas temps de surmonter la fracture qui, si longtemps, a déchiré et affaibli la gauche dans notre pays ?

« Les avantages de l'économie de marché ont été prouvés à l'échelle mondiale », déclarait Mikhaïl Gorbatchev au XXVIIIe congrès du Parti communiste de l'Union soviétique, en juillet 1990. « La question est maintenant seulement de savoir si une protection sociale élevée, caractéristique de notre système socialiste [...], peut être assurée dans le cadre du marché. Ma réponse est celle-ci : ce n'est pas seulement possible, mais c'est précisément une économie de marché régulée qui permettra d'augmenter la richesse sociale et le niveau de vie de chacun. » Si le communisme, là-bas et ailleurs, se prononce pour l'économie mixte, le multipartisme, l'État de droit, et joint les actes à la parole, qu'est-ce qui justifie encore l'existence de partis communistes et de partis socialistes séparés ? Cette interrogation ne s'appuie pas uniquement sur la situation nouvelle en URSS et sur l'attitude de ses dirigeants. C'est un phénomène plus vaste, une remise en cause idéologique générale qui s'opère. Quel projet de société, quel type d'économie, quel système politique, quel idéal de civilisation les communistes opposent-ils désormais à ceux que nous, socialistes, proposons nous-mêmes ? Je connais le poids de l'histoire, les cultures différentes, les réticences. Je sais que, dans un engagement, tout n'est pas, ne peut pas être entièrement rationnel et maîtrisé. Mais, honnêtement, en quoi les différences qui restent sont-elles incompatibles avec l'appartenance à un même parti ? Après tout, les désaccords ne manquent pas au sein du Parti socialiste, le système des courants a même été inventé pour les gérer.

Le paradoxe est que l'« eurogauche » semble moins difficile à réaliser que la « francogauche ». Les partis socialistes ou social-démocrates de la plupart des pays d'Europe ont définitivement pris le pas en importance sur les partis communistes. Là où le PC reste fort – je songe à l'Italie – il change de nom et travaille étroitement avec les socialistes (surtout, c'est vrai, en dehors de son propre pays). Nous le voyons bien au parlement de Strasbourg, où la gauche unie – à peu d'exceptions près – constitue une force majoritaire.

L'eurogauche sera évidemment d'autant plus puissante qu'elle s'appuiera sur des relations étroites avec les syndicats et que les syndicats eux-mêmes exerceront un rôle actif. D'où les efforts à accomplir pour accroître l'unité européenne d'action syndicale, pour mener ensemble des actions significatives : je pense en particulier à la politique sociale communautaire. Cela suppose que, de plus en plus, les problèmes soient abordés sur une base européenne, en concertation avec toutes les forces de gauche. L'eurogauche implique pour réussir une structuration internationale qui n'est pas encore assez active : c'est la question de l'Internationale socialiste et de l'Union des partis socialistes européens. Là aussi des évolutions sont nécessaires. Alors que la gauche par nature doit être internationaliste, alors que l'évolution des problèmes à la fin du XXe siècle renforce cette nécessité, alors qu'il nous faut de plus en plus raisonner et agir en termes d'europrojets, l'action coordonnée des diverses forces de gauche est encore faible. De grands progrès restent donc à opérer, même si la voie est ouverte à l'eurogauche.

Et la francogauche ? Le Parti communiste français – ou plutôt sa direction – n'a pas fait sa mue idéologique. Ironie, paradoxe et triste destin : ce que nous n'avons cessé de réclamer au PCF – une prise de distance avec le PC de l'URSS – se produit au moment précis où il serait au contraire légitime d'encourager le nouveau cours. On comprend que la mue soit difficile. Le jour où le communisme abandonne sa spécificité idéologique, la question brutale est posée : quelle est la raison d'être d'un parti communiste quand le communisme, lui, s'étiole ou s'éteint ? En admettant même que cette mue s'opère, demeurent – et sont vivaces – les réalités d'appareil, les intérêts strictement électoraux et de clientèle, les traditions culturelles, les fidélités, les réseaux, les habitudes. Tout cela joue, tout cela pèse pour empêcher que la seule raison soit déterminante qui pousserait à dire : si c'est pour bâtir une politique socialiste, pourquoi ne pas directement se proclamer socialiste ?

C'est pourquoi, si une volonté forte ne prévaut pas, je ne crois pas à une perspective rapide d'unification de la gauche française. D'abord parce qu'il ne suffit pas qu'une idéologie soit démentie par les faits et réfutée par les textes pour qu'elle disparaisse dans les pratiques et dans les têtes. Le Parti communiste français a été sans doute le parti de masse le plus profondément stalinien d'Europe occidentale. L'atteste son fonctionnement interne, toujours régi par ce que, par antiphrase sans doute, on appelle le « centralisme démocratique ». Les Partis communistes italien, espagnol ont procédé à leur déstalinisation, la direction du PCF pas encore. La machine à broyer les oppositions se met périodiquement en marche : rénovateurs, reconstructeurs, refondateurs... l'appareil se débarrassant peu à peu de ses cadres expérimentés, attachés à la gauche unie car soucieux de proposer aux travailleurs de notre pays une perspective politique crédible. J'ajoute – et c'est ma deuxième raison – que, quels que soient nos souhaits, il existe un espace dans notre pays pour une approche politique négative. La mutation économique engendre son lot de laissés-pour-compte et de victimes, de sinistrés et de déclassés qui restent disponibles pour une attitude de ce type. Historiquement, il y a au sein du salariat français, et pas seulement dans la classe ouvrière, une culture, une tradition, captée par le PCF, d'opposition systématique, presque de complaisance dans l'opposition. Selon cette culture politique, la place des ouvriers et de leurs représentants n'est pas au pouvoir, jamais au pouvoir, mais dans la lutte, dans le refus. La fréquentation des palais nationaux ne peut que corrompre moralement et inciter à la trahison. Enfin, certains (les plus défavorisés généralement) trouvent un écho dans le discours du PCF, parce que du côté du PS, dans les paroles et les actes, ils ne rencontrent pas assez de réponses à leurs aspirations, à leur révolte. De tout cela il résulte que – malgré les qualités et le dévouement souvent remarquables des communistes – l'hypothèse la plus probable, concernant l'avenir du PCF, c'est la régression vers le statut de groupe politique très minoritaire – une organisation cultivant ses propres particularismes au mépris des intérêts généraux de sa base –, groupe conservant cependant une base et une audience, fussent-elles faibles, car rencontrant une tradition, des intérêts, un appareil. Au Parti socialiste de continuer à empêcher cette dérive. En occupant le plus large terrain à gauche. En évitant l'erreur historique de se compromettre avec la droite, fût-ce sous des noms d'emprunt. En développant son propre projet. En démontrant une vitalité d'action puissante : rassembler la gauche et au-delà, en rassemblant à gauche.

Dans cet esprit, je dis à ceux des communistes ou anciens communistes qui accepteront de l'entendre : ne vous résignez pas à devenir le petit parti du grand refus, la force qui toujours nie, sans véritable perspective. Réintégrez la « vieille maison », qu'à l'instigation de Léon Blum nous avons gardée, tant bien que mal, et plusieurs fois reconstruite, tandis que vous couriez l'aventure. Non pour faire acte de contrition, mais pour la rénover et l'agrandir. Malgré ses performances et ses progrès, le PS ne constitue pas encore le grand Parti socialiste moderne et de masse dont notre peuple a besoin. Vous en conviendrez, le Parti communiste non plus. Ce parti de gauche d'un type nouveau, différent à la fois de ce que furent les partis communistes et les partis sociaux-démocrates de l'époque héroïque, pourquoi ne pas y travailler ensemble ? Au-delà de votre méfiance, posez-vous honnêtement la question : quel obstacle doctrinal vous empêche désormais d'apporter à cette entreprise nécessaire les savoir-faire et le capital humain précieux que vous avez accumulés en soixante-dix ans et qui se dilapident aujourd'hui ?

J'ai proposé, avec d'autres, la tenue de nouvelles Assises du socialisme, d'états généraux de la gauche, pour débattre de ces questions. Je souhaite que les communistes ou anciens communistes considèrent cette proposition avec sérieux. Deux voies s'offrent à eux désormais : celle de la rénovation, qui intègre les leçons politiques de ce siècle et adapte le Parti aux conditions nouvelles. Celle du repli sur une vieille tradition du mouvement ouvrier français, incarnée longtemps par l'anarcho-syndicalisme : l'enfermement dans une opposition radicale, faisant flèche de tout bois, chevauchant les corporatismes, mais totalement dénuée de projet positif. La première voie est celle du dépassement de Tours, de la réunification progressive de la gauche française, dans le cadre d'une eurogauche. La seconde est celle de la pétrification idéologique, de l'éclatement, de la marginalisation du PCF. Si elle se trouvait confirmée, c'est toute la gauche qui en sortirait affaiblie.

Aggiornamento ? Le socialisme n'est pas le dogme d'une Église. Il se modifie à mesure que la société qu'il entend transformer se modifie elle-même (en partie du fait de son action) et qu'il tire les leçons de sa propre expérience, les succès comme les revers. Il ne peut pas ne pas être en mouvement. Le mouvement socialiste a renoncé à la violence révolutionnaire quand il s'est convaincu que les progrès de la démocratie lui permettaient de poursuivre plus efficacement son but par des moyens pacifiques et légaux : syndicats, associations, partis de masse. Il a renoncé à la « socialisation intégrale des forces productives », dès lors que le renforcement de l'État et des syndicats lui a montré qu'il existait d'autres moyens, plus efficaces, d'infléchir les lois du marché et que s'est confirmée la faillite des expériences communistes. Il n'y a là rien d'infamant : ni capitulation ni trahison, mais respect de la réalité et de ses enseignements, attachement aux buts poursuivis plus qu'aux moyens imaginés, à un moment, pour les atteindre. Car ces adaptations du socialisme, voire ces métamorphoses, servent bien un même but dont elles s'efforcent de promouvoir la réalisation progressive : liberté des individus et maîtrise de leur destin collectif.

Le socialisme démocratique réalise la synthèse de deux inspirations, deux traditions. La première, libérale-libertaire, s'efforce de répondre à la question : comment concilier vie en société et respect des libertés individuelles, comment garantir les personnes contre toutes les formes d'oppression ? La seconde, rationaliste et marxiste, répond à cette autre interrogation : comment maîtriser collectivement, autant que possible, l'organisation et le devenir de notre société ? Comment la soustraire aux lois de la jungle ou du hasard ? Comment l'organiser pour que l'homme ne soit plus le jouet, mais le maître de sa propre action ? Si nous ne partageons plus tout à fait les réponses des pères fondateurs du socialisme, nous conservons leurs questions. Le projet socialiste de l'an 2000 auquel travaille aujourd'hui le PS devra expliciter comment, dans les conditions nationales et internationales de cette fin de siècle, on peut à la fois accroître les droits et les libertés des individus et leur maîtrise collective sur le fonctionnement et l'évolution de la société.

C'est assez dire la formidable mise à jour qui en quelques années s'est opérée. Au lendemain du congrès d'Épinay, tout au long des années 70, l'identité socialiste tenait largement dans le triangle nationalisation-planification-autogestion. Elle est aujourd'hui davantage dans le triangle économie mixte-développement de l'État de droit-extension maximale de la démocratie.

Il serait absurde de ne pas reconnaître, de ne pas revendiquer même ces changements ; mais il serait également absurde, au moment où le communisme admet enfin que le socialisme démocratique avait raison, que celui-ci renonce à son projet et cède le pas au conservatisme.

Le socialisme n'est pas moins à gauche qu'avant : il a seulement opéré sa mutation, dépouillé sa doctrine des idées qui ne lui étaient pas essentielles, enrichi son approche d'éléments fondamentaux. Il est devenu un socialisme de création. Il a troqué la culture du grand soir pour celle du changement dans la durée. Ainsi transformé, ressourcé, affiné, débarrassé de toute confusion avec le collectivisme, distinct sur plusieurs points majeurs de l'approche libérale, il peut de nouveau offrir une analyse pertinente et une vision de la société.

CONCLUSION

Fixer le cap

Mal de mer? J'ai essayé de faire le point sur nos idées. Restent au moins deux aspects, deux interrogations critiques que je veux aborder, parce que non seulement elles contribuent au désarroi, mais que tout simplement elles font mal. En une décennie de pouvoir, est-il exact, dit brutalement, que nous qui luttons pour davantage de justice, nous qui voulons faire progresser la tolérance, nous aurions finalement conduit à un double résultat : des inégalités accrues et un Front national représentant 15 % de l'électorat ?

Pour répondre, je pourrais me contenter de renvoyer au verdict des urnes. Si tel était vraiment notre bilan, on comprendrait mal pourquoi les électeurs auraient reconduit François Mitterrand et la gauche pour un second mandat en 1988. Ni pourquoi ils le gratifient d'indices de popularité flatteurs dans les sondages. Je sais que pour certains « les Français sont des veaux ». Mais de là à se laisser conduire allègrement à l'abattoir... Il y a mépris de l'opinion lorsqu'on dresse un tel bilan. Au demeurant, ce jugement n'explicite pas ses critères. Ce qui a été fait s'inscrit dans la ligne de modernisation démocratique que j'ai esquissée ici. En tenant compte des contraintes et des résistances.

L'action politique est une lutte et personne ne fait exactement ce qu'il veut. Elle s'apparente, on l'a souvent dit, à la navigation à la voile : l'important, c'est de connaître le but et de fixer le cap, après quoi on gouverne en tenant compte du vent, ce qui ne va pas, parfois, sans mal de mer.

Quelle était la tâche primordiale que nous avons dû affronter au seuil des années 80 ? Enrayer l'affaiblissement économique de la France, rétablir ses capacités tout en préservant et en étendant, malgré la crise, les conquêtes sociales et les progrès démocratiques des « trente glorieuses ». Sans un tel rétablissement, tout le reste eût été impossible. On l'oublie parfois : la gauche est arrivée au pouvoir au plus fort des difficultés et, en partie, en raison de l'échec de ses prédécesseurs : l'inflation était à 14 %, le chômage doublait chaque année depuis 1976, les entreprises privées n'investissaient plus, nombre d'entre elles, parmi les plus grandes, se trouvaient au bord du dépôt de bilan.

Au cours de la décennie 1980-90, notre économie s'est redeployée et modernisée, nos entreprises ont changé d'échelle. Nos grands groupes industriels et financiers ont redressé leurs comptes, rationalisé leurs structures et leur gestion, acquis pour la plupart une véritable dimension internationale. L'entreprise et l'esprit d'entreprise ont été réhabilités et leur valorisation a suscité un bond en avant dans la création de firmes nouvelles. Ce redressement a été réalisé sans qu'il ne soit porté atteinte à l'État-protecteur : la Sécurité sociale, l'Éducation nationale, le système des retraites, l'indemnisation du chômage n'ont pas subi les coupes claires qu'ils ont connues dans les pays « libéraux ». Des acquis nouveaux ont été obtenus. Si les premiers dividendes du redressement ont été affectés surtout au désendettement et à l'investissement des entreprises, les seconds sont consacrés, doivent l'être, à l'école, au logement, à la recherche, à la rénovation du cadre urbain, à la santé. La gauche a donc remporté ses succès les plus manifestes sur le terrain où on l'attendait le moins : le redressement de l'économie.

Mais le bilan n'est pas seulement économique. Les lois de décentralisation, sans doute la plus fondamentale réforme de l'État depuis l'instauration de la République. Les développements de la construction européenne. Les lois Auroux, qui ont amorcé – mais amorcé seulement – un changement de climat au sein des entreprises. La suppression de la peine de mort et des tribunaux d'exception et, plus généralement, la consolidation de l'État de droit incarnée par l'action remarquable de Robert Badinter. La rupture du cordon ombilical qui depuis les débuts de la Ve République reliait la télévision au pouvoir politique. Les garanties accordées aux étrangers vivant légalement sur notre territoire. L'effort budgétaire alloué à la culture et le souffle de novation incarné par Jack Lang. Le soutien accru apporté aux pays du tiers-monde. Sans parler de l'élévation continue du niveau de scolarisation et de qualification professionnelle, de l'amélioration du sort des personnes âgées, de la solidarité avec les exclus... Au terme de ces dix années, la France, qui a choisi l'Europe, est mieux armée pour faire face à l'avenir.

Nous ne devons pas nier pour autant les insuffisances, les erreurs, les échecs. Quiconque agit commet des fautes. La gauche en a commis, elle aussi. Par exemple, en 1983-84 dans notre méthode pour traiter la question de l'école privée. En 1988-89, dans une attention peut-être insuffisante aux catégories moyennes et modestes. Tout au long de la période, dans notre façon d'aborder l'audiovisuel. Seuls les esthètes et les commentateurs ne se trompent jamais, et je prends ma part de ces erreurs. L'important, c'est d'en commettre le moins possible et d'être capable de redresser rapidement celles qui ont été faites. Les socialistes ne doivent pas prétendre être des surhommes, ils doivent être des hommes sûrs, c'est-à-dire dévoués à leurs mandants et à l'intérêt général, et capables de rectifier leurs choix quand ils s'avèrent préjudiciables. Dans l'ensemble, je crois que tel fut le cas.

A quoi j'ajouterai, si nous voulons éviter les déceptions, ne pas additionner à l'excès les promesses. Par exemple, au-delà des fameuses 110 propositions de 1981, nous avions pris d'autres engagements. Leur multiplicité a posé problème. Ainsi nous nous sommes successivement engagés à réduire à la fois : le chômage, l'inflation, le déficit extérieur, le déficit budgétaire, les prélèvements obligatoires. Dans le même temps, nous avons promis d'augmenter la part dans le PIB : des dépenses militaires, des dépenses de culture, des dépenses de recherche, des dépenses d'aide publique au développement. Parallèlement, nous adoptions des lois pluriannuelles de programme sur : la défense, la modernisation de la police, le développement de la recherche, l'enseignement technique et technologique, ainsi que divers programmes prioritaires du Plan. A travers la somme de ces engagements, nous avons abouti à ce que j'appellerai une « surdétermination » de la politique qui exposait à la déception. Ma conclusion pour les échéances à venir est simple. Toute élection est un contrat, et ceux qui prétendent demander des suffrages sur leur seule bonne mine sont des démagogues. Mais dans une période où tout bouge et tout est international, nos orientations ne peuvent plus être un projet exhaustif. Quelques choix majeurs ; certaines propositions précises ; l'affirmation claire de nos valeurs et d'un dessein ; mais évitons tout projet « clés » en main.

Sommes-nous responsables de la croissance des inégalités ? Oui et non.

Non, parce que ce phénomène est mondial et qu'il est

bien plus accusé dans les pays à gouvernement conservateur – États-Unis, Grande-Bretagne, Japon... – que dans le nôtre. Si en France – c'est un fait – les riches se sont enrichis plus que les pauvres, il n'est pas vrai que ceux-ci se soient appauvris et qu'ils soient plus nombreux que précédemment. Certaines inégalités ont augmenté, la pauvreté, elle, a reculé, passant de près de 8 % des ménages en 1975 à 3 % douze ans plus tard. La croissance des inégalités a des causes internationales sur lesquelles nous n'exerçons guère de prise : niveau élevé des taux d'intérêt dû à la forte demande internationale de capitaux et au bas niveau de l'inflation, envol des valeurs mobilières et immobilières. Pour les détenteurs de patrimoines, les années 80 ont été aussi fastes que les années 70 ont été funestes. Ce que seront à cet égard les années 90, nul ne le sait encore. En tout état de cause, il est juste d'essayer d'inverser la tendance par l'augmentation du pouvoir d'achat des salariés et par une réforme pertinente de notre fiscalité et des prélèvements sociaux.

La croissance des inégalités résulte aussi pour une part, il faut le reconnaître, des choix que nous avons faits : la politique de rigueur en 1983, l'Acte unique européen en 1985. La première, symbolisée par la désindexation des salaires et des prix, visait à casser l'inflation et à reconstituer les marges bénéficiaires des entreprises qui n'avaient cessé de baisser depuis dix ans. C'est sur les entreprises que reposait le poids de la crise. Elles ne pouvaient plus investir, même en s'endettant, et mangeaient leur capital. A l'heure de la nouvelle révolution technologique et de la mondialisation de l'économie, persister dans cette voie eût été sacrifier l'avenir. Nous avons expliqué cette situation aux Français et demandé les sacrifices nécessaires au redressement du système productif, lequel est en partie chose faite. Il est juste que, sans briser évidemment la machine, les salariés puissent désormais toucher les dividendes de l'amélioration.

La relance de la construction européenne selon l'Acte unique impliquait aussi, on l'a vu, une harmonisation des législations économiques, favorable dans un premier temps aux détenteurs de patrimoine. Je ne veux pas revenir ici sur ce que j'ai exposé plus haut et sur les corrections nécessaires. Je rappellerai seulement que la construction de l'Europe est le seul moyen pour les États-nations de l'Ancien Continent de demeurer à l'échelle internationale des acteurs historiques – on le voit bien avec la crise irakienne – et que l'espace européen constitue la meilleure dimension pour le développement d'une économie mixte. C'est ici qu'il faut se souvenir de la parabole du voilier : lorsqu'on a le vent contraire, il faut virer pour atteindre son but et ne pas craindre de s'en éloigner momentanément. A condition finalement... de retrouver le cap.

Si nous n'avions pas fait ces choix, il n'y aurait pas moins, mais davantage d'inégalités, de chômage, de poches de misère dans notre pays. Ces choix traduisent notre préférence pour l'avenir, c'est-à-dire accepter des efforts immédiats afin d'éviter de subir des sacrifices plus durs et dégager les moyens de l'essor.

Sommes-nous responsables de la montée du Front national ?

Certains nous l'imputent. En appliquant les cent dix propositions du candidat Mitterrand en 1981, nous aurions exaspéré une partie de l'électorat de droite qui se serait jetée, en représailles, dans les bras de Jean-Marie Le Pen. En prenant en 1983 le tournant de la rigueur, nous aurions ulcéré certains électeurs de gauche qui se seraient portés également à l'extrême droite. En instituant le scrutin proportionnel pour les élections législatives de 1986, nous aurions permis l'arrivée de députés du Front national à l'Assemblée nationale, conférant à ce parti la respectabilité qui lui manquait.

On pourrait retourner le compliment et montrer que c'est la droite parlementaire qui a fait le lit du Front national. Au lendemain de sa défaite en 1981, n'a-t-elle pas enfourché contre la gauche les chevaux de bataille de Jean-Marie Le Pen : catastrophisme, xénophobie, idéologie sécuritaire ? N'a-t-elle pas conclu, dès 1983 à Dreux et dans le Midi de la France, des accords en bonne et due forme avec ce parti, lui conférant à la fois visibilité, crédibilité et respectabilité ? La percée du Front national date de 1983 et des élections européennes de 1984 (11,4 % des voix), bien avant que la gauche n'instaure le scrutin proportionnel aux législatives.

Ces recherches contradictoires en paternité ont quelque chose d'un peu dérisoire. Les causes de la montée du Front national ne se laissent en effet pas réduire aux actes de tel ou tel parti. Elles sont malheureusement plus profondes. Comme toutes les périodes de crise et de mutations accélérées, les années 70 et 80 ont produit leur lot de victimes et engendré dans de larges secteurs de la population des sentiments de désarroi et d'insécurité. Ce sont ces sentiments que Le Pen a su exploiter. Désarroi devant l'effacement progressif de l'identité nationale, sous l'impact de la mondialisation de l'économie, des communications, de la culture. Qu'est-ce qu'être français, à l'heure où se construit l'Europe, où déferle la culture de masse américaine, où l'islam devient la deuxième religion en France ? Désarroi devant l'effondrement déjà évoqué des grandes idéologies du début du siècle – communisme, socialisme révolutionnaire, christianisme social, nationalisme – et la crise des appareils militants qui les incarnaient (PCF, Église catholique...). Sentiment d'insécurité et de mal-être, lié au chômage, au travail précaire et à la pauvreté, à la désertification des campagnes, à la petite délinquance, à la médiocrité du cadre de vie dans les grands ensembles construits à la hâte et à l'économie. En dénonçant dans les immigrés la source de toutes nos difficultés, le Front national désigne un bouc émissaire à la détresse, aux frustrations d'un grand nombre de Français d'origine modeste, en même temps qu'il propose de pseudo-remèdes à leurs problèmes. Son nationalisme d'exclusion, xénophobe, autoritaire, antisémite, répond à la crise d'identité d'une certaine petite bourgeoisie conservatrice.

La poussée du Front national s'étant effectuée alors que nous étions au pouvoir, je ne vois pas comment nous pourrions en être totalement exonérés. Mais cette responsabilité ne se situe pas là où on la place ordinairement. Notre part de responsabilité, c'est de n'avoir pas pu suffisamment enrayer l'institutionnalisation de la société duale, la montée de l'exclusion et des ghettos, de n'avoir pas su retenir une partie de notre « base ». Nous avons sans doute trop longtemps opposé un discours moralisateur à des gens confrontés à des difficultés réelles et croissantes. Nous n'avons pas répondu assez efficacement à leur demande légitime de sécurité et de maîtrise – au départ plus que de rejet – de l'immigration : maîtrise des flux et maîtrise de l'accueil.

Aujourd'hui, la situation est préoccupante. Un tiers des Français se sentent en accord avec le Front national sur la question des immigrés, estiment que c'est un parti proche des préoccupations des gens, n'excluent pas de voter un jour pour lui. Si la droite parlementaire ne se ressaisit pas, si elle continue à se désagréger, un Front national à 20 %, n'est nullement impossible.

Le Parti socialiste ne peut pas rester sans réagir. Il doit prendre la tête de la lutte politique contre le Front national. Il doit se mettre en action partout. Il doit démasquer ses thèses, être capable d'expliquer tout haut ce que ce parti pense tout bas. Il doit le faire sans concessions, dans un langage simple, rappelant les leçons de l'histoire, analysant les faits, démontrant les fausses promesses et les vraies conséquences. Si le PS ne le fait pas, quel parti le fera ? Ne nous laissons pas piéger sur le terrain de l'immigration. Controns aussi J.-M. Le Pen sur des terrains comme le SMIC, l'agriculture, le petit commerce, l'université, en direction de tous ceux qui font son électorat et qui seraient transformés en chair à pâté si l'une des propositions du Front national était appliquée. Prenons garde en particulier qu'une partie de la nouvelle génération adolescente ne trouve dans le discours de l'extrême droite le moyen d'affirmer son opposition à la société des adultes comme une partie de la génération des années 60 l'avait trouvé dans le discours gauchiste. Soyons vigilants au progrès de l'extrême droite dans la jeunesse. C'est dans de telles circonstances qu'on apprécierait que le PS soit le grand parti moderne de masse que nous appelons de nos vœux.

Nous ne pouvons pas nous contenter de traiter le symptôme, il faut traiter le mal, apporter nos propres réponses aux préoccupations que le Front national exploite. Ce que ce vote esquisse profondément, c'est qu'une fraction de la population, notamment dans l'électorat traditionnel de la gauche, ne se sent plus prise en charge par les partis, par le gouvernement, par le Parlement, par l'État. Le succès de Le Pen entretient malheureusement un certain lien avec la crise de l'action publique. Cela nous concerne, non pas seulement parce que le Parti socialiste est aux commandes du gouvernement, mais parce que, à la différence des libéraux, nous croyons à l'action de l'État et à l'action publique.

Lors d'un débat télévisé avec Jacques Chirac qui fit couler pas mal d'encre, j'avais défini ce qui me semblait être la règle à suivre en matière d'immigration. Elle respectait deux principes : arrêt de l'immigration, intégration des immigrés régulièrement installés sur le sol national. Cette règle du jeu a mis du temps à s'imposer, maintenant qu'elle est partagée par le plus grand nombre il faut veiller à ce qu'elle entre dans les faits.

Arrêt de l'immigration, parce que nous ne sommes pas en situation économique et sociale d'absorber une immigration nouvelle. Cela implique, bien sûr, des mesures de police sous le contrôle du juge, ne serait-ce que pour empêcher l'immigration irrégulière, dont il faut encore diminuer le flux. Qu'on cesse de croire que la France est une vaste passoire ! Cela requiert surtout un effort important d'aide au développement en direction des pays exportateurs de main-d'œuvre, notamment le pourtour méditerranéen. D'un côté un Sud pauvre et surpeuplé, de l'autre un Nord riche et vieillissant : pas besoin d'être un spécialiste pour comprendre que l'incitation au départ est forte pour les habitants des pays sous-développés. Le moyen véritable de freiner ces flux est donc de faire en sorte que les pays d'origine créent des emplois, de la richesse, des écoles, des hôpitaux... et de la démocratie. Là encore, l'idéal moral du socialisme – le partage des richesses au niveau mondial – rejoint l'efficacité.

Il y a la tradition des heures noires de l'Allemagne : l'exclusion. Il y a la tradition américaine des communautés : chacun chez soi et la Constitution pour tous. Elle montre aujourd'hui ses limites, avec des communautés « plus égales que d'autres », des affrontements ethniques souvent violents, une rancœur lourde de périls. Et puis, il y a la tradition française du creuset, celle qui, par l'école, par l'armée, par le travail, par la ville, par l'adhésion culturelle, fait des Bretons ou des Basques, des Alsaciens ou des Niçois des citoyens français prêts à vivre pour la République et prêts à mourir pour elle. Intégration des immigrés régulièrement installés sur le territoire, c'est la tradition de la République. Pourquoi en irait-il autrement des Asiatiques que nous avons accueillis ou des Africains du Centre ou du Nord ? Il faut, et il suffit, pour cela – par la parole et surtout par l'action – que nous empêchions la constitution de ghettos dans les écoles ou dans les cités... et dans les têtes. Désengorger les quartiers où l'immigration est trop forte, même s'il faut pour cela forcer la main des communes réticentes car, s'il existe des problèmes à Clichy-sous-Bois, c'est parce que, d'une certaine façon, il n'y en a aucun à Neuilly-sur-Seine. Réhabiliter d'urgence les cités les plus détériorées, en prenant garde que la rénovation ne se traduise pas par une diminution du nombre des logements offerts. Doter de moyens supplémentaires, avec des équipes pédagogiques volontaires et motivées, les écoles qui accueillent essentiellement des immigrés. Voilà les traits principaux d'une politique active de l'immigration. Ajoutons à cela un effort de pédagogie républicaine, pour apprendre aux uns et aux autres leurs droits et leurs devoirs ; un effort pour favoriser la participation des immigrés à la vie locale sur le mode des commissions extramunicipales expérimentées avec succès par plusieurs villes, en attendant que les esprits soient mûrs pour le vote ; un effort d'information mutuelle enfin, dont la télévision devrait être le canal privilégié : celle-ci introduit tous les soirs à 20 heures les immigrés dans la salle à manger des Français, le moins qu'on puisse attendre d'elle est qu'elle les présente.

Tout cela coûte cher, dit-on, et même très cher. Exact. Mais beaucoup moins cher que ne coûterait l'aggravation de la situation actuelle ! Faisons de nos analyses et de nos actions le fer de lance contre l'extrême droite.

* *
*

Longtemps la gauche fut collectiviste, productiviste, fascinée par le modèle communiste et hexagonale dans ses pratiques. Quand chacun de ces piliers s'effondre, on comprend qu'elle s'interroge.

Nous avons été trop longtemps aveugles sur la mutation économique du monde. Nous avons été trop longtemps muets sur le tournant de 1983. Nous avons été trop longtemps sourds à l'écologie.

Pour lutter contre l'injustice de la société industrielle, il suffisait, disait-on, d'investir l'État, de collectiviser l'économie afin de maîtriser les leviers d'action, pousser au maximum les feux de la croissance dans l'intention de réduire les inégalités, miser sur notre pré carré en espérant déclencher une contagion vertueuse ailleurs.

La réalité fut différente, elle a tranché. La nationalisation peut être utile, la collectivisation est imbécile. La croissance économique est souhaitable, elle ne règle pas toutes les difficultés. L'Hexagone est notre histoire, seul il n'est plus à la taille ni des problèmes, ni des solutions. Le communisme bureaucratique est mort, paix à son âme !

Moins productiviste, la gauche doit devenir plus écologiste : au même titre que le travail et le capital financier, la nature est le troisième facteur essentiel et probablement le premier. Il faut la protéger, la valoriser, sauf à démolir progressivement l'humanité. Le socialisme doit exprimer cette démarche de long terme.

Maîtriser l'État, l'utiliser pour donner des impulsions ou corriger des déséquilibres, c'est indispensable. Mais que l'appropriation collective soit le sésame qui règle tout, certainement pas ! L'homme est la fin, non le moyen qu'on utilise et qu'on écrase. C'est la personne qui est au bout du chemin de la gauche.

Quant à la dimension internationale et pacifique, elle représente la grande évidence, la grande exigence de cette décennie. Tout devient européen, la gauche ne peut échapper à la règle. Tout projet politique uniquement franco-français est mort-né : il faut penser, agir à la fois français et européen, mondial même.

Ces changements de perspective que nous avons dû opérer ont été si importants que certains en déduisent la faillite de nos idées. Je crois la vérité différente : les principaux reproches qui sont faits à la gauche s'adressent à des déviations, des perversions, des confusions qui ne sont nullement irrémédiables.

Paradoxalement, les changements nécessaires ramènent la gauche sur plusieurs points à ses références originelles. Jaurès était authentiquement internationaliste. Son collectivisme n'était qu'un outil au service d'un projet, la justice et la personne humaine. Les valeurs exprimées par Blum dans *A l'échelle humaine* n'ont, elles non plus, pas pris une ride. Mais avec le temps, à travers l'espace, on a tout confondu, l'idée socialiste et la perversion stalinienne, la liberté et l'asservissement, l'action collective et le collectivisme, la gauche et la contrainte.

C'est par cette faille que le libéralisme s'est frayé un chemin. Si le socialisme est nécessairement collectiviste, alors il faut être libéral pour défendre l'individu ! S'il est obligatoirement productiviste, alors les défenseurs de l'écologie doivent se tourner ailleurs pour soutenir leur belle cause ! Si le regard du socialisme reste hexagonal, quel poids pèsera-t-il face aux États-continents ? Si l'on doit être stalinien pour être de gauche, alors... mais telle n'est pas la réalité.

Il faut donc remettre le bateau sur son cap. Courage dans les idées, fidélité dans les valeurs. La démarche du socialisme, c'est l'écodéveloppement de notre pays, l'essor de la « société mixte ». Son horizon, c'est le monde. Sa finalité, c'est la personne humaine.

On me dit : Quelle ambition proposez-vous ? Quel est ce « dessein » que vous prétendez caresser ? Je me suis efforcé de répondre, et ma réponse tient en quatre points.

– Assurer la modernisation démocratique et l'écodéveloppement de notre pays.

– Faire l'Europe, et de l'Europe la première démocratie économique, sociale et culturelle au monde.

– Soutenir la révolution de la liberté à l'Est, de sorte que disparaisse à jamais cette tâche infamante que fut pour le socialisme un totalitarisme sanglant édifié en son nom.

– Prendre appui sur les succès, sur la consolidation de cette révolution, pour substituer à la guerre froide, non pas le retour des guerres chaudes, mais un nouvel ordre mondial, fondé sur la détente et la coopération entre les nations, pour la défense des droits de l'homme, la préservation de la nature et l'aide massive au développement.

Utopie ?

Pour une part, oui. Rien de grand ne s'est jamais accompli sans utopie. Dans les violences du Moyen-Âge, l'idéal humaniste d'un État de droit, le rêve projeté de la démocratie devaient paraître totalement utopiques. Ils ont pourtant été conçus et portés par des générations d'hommes et de femmes, d'abord très minoritaires, puis de plus en plus nombreux, et lentement l'utopie a pris corps.

Grand dessein ?

Chacun jugera. Ce que je sais, c'est que les individus, les collectivités, la nation ont besoin d'un projet mobilisateur pour avancer. Un projet assorti d'actes concrets qui l'incarnent, et non pas une rêverie fumeuse ou le désert du renoncement. Je pense en particulier aux jeunes, à leur énergie d'espérance. Elle ne demande qu'à se mobiliser si on sait lui donner corps.

Comme chacun, parfois je doute. Je pense alors à cette fin d'après-midi de décembre où au milieu de milliers d'autres je marchais dans Santiago du Chili. Nous scandions la chute du dictateur Pinochet, l'élection de son successeur, la mémoire d'Allende pacifiquement vengé par son peuple et le retour de la démocratie. Les avenues étaient pleines de bonheur. La foule était couleur d'océan. Elle frémissait de drapeaux agités par des cohortes de jeunes qui n'avaient connu que la dictature, qui s'étaient battus pour la liberté et voyaient enfin triompher l'espoir. Ils pleuraient, mais c'était de joie. Moi je riais, avec des larmes dans les yeux. Je n'oublierai jamais ces moments. Il y a un temps pour les basculements et un temps pour le gouvernement, l'exaltation ne peut pas être la même mais ce sont, là-bas et ici, hier et demain, les mêmes valeurs. Le doute ne dure jamais : c'est toujours le temps de l'espoir.

Sortie de l'âge des révolutions, la gauche ne doit pas entrer dans celui des résignations.

La gauche, c'est-à-dire tous ceux qui ne consentent pas à l'ordre injuste du monde et veulent une transformation de la société pour l'épanouissement de chacun.

Table

CET OUVRAGE A ÉTÉ REPRODUIT ET ACHEVÉ D'IMPRIMER
SUR ROTO-PAGE PAR L'IMPRIMERIE FLOCH À MAYENNE
DÉPÔT LÉGAL : NOVEMBRE 1990. N° 12809-2 (30023)